کلید خانه‌دار شدن

راهنمایی جامع خرید ملک در کانادا

پیام روشنی

سریال کتاب: P۲۵۴۵۱۲۰۲۶۸

عنوان: کلید خانه‌دار شدن

زیرنویس عنوان: راهنمایی جامع خرید ملک در کانادا

نویسنده: پیام روشنی

ویراستار: دکتر علی هاشمی

صفحه‌آرایی: نرگس تاج‌الدینی

طراح جلد: محبوبه لعل‌پور

شابک: ISBN: ۹۷۸-۱-۷۷۸۹۲-۲۶۹-۵

موضوع: آموزشی/ مالی/ اطلاع رسانی

مشخصات کتاب: قطع وزیری، جلد مقوایی

تعداد صفحات: ۱۷۸

تاریخ نشر ادیشن فارسی: سپتامبر ۲۰۲۵

انتشارات در کانادا: انتشارات بین‌المللی کیدزوکادو

KIDSOCADO PUBLISHING HOUSE
VANCOUVER, CANADA

تلفن و واتس آپ: ۷۲٤۸ ۳۳۳ (۲۳٦) ۱+

ایمیل: info@kidsocado.com

وبسایت: https://www.kidsocado.com

تقدیم به همه مهاجرانی
که با دلی پر از امید و آرزو، سرزمین
مادری خود را ترک کردند و با شجاعت
قدم در راهی ناشناخته گذاشتند.
به شما که در جستجوی آرامش و
ساختن آینده‌ای روشن، سختی‌ها را
به جان خریدید.
این کتاب هدیه‌ای کوچک است به
استقامت و شجاعت شما.

فهرست

بیانیه مسئولیت و سلب مسئولیت حقوقی

این کتاب صرفاً با هدف ارائه اطلاعات عمومی و آموزشی در زمینه خرید ملک در کانادا تهیه و منتشر شده است. هیچ‌یک از مطالب مندرج در این کتاب نباید به‌عنوان مشاوره حقوقی، مالی، سرمایه‌گذاری یا مشاوره حرفه‌ای در حوزه املاک و مستغلات تلقی شود.

محتوای این اثر بر اساس قوانین، مقررات و رویه‌های جاری استان بریتیش کلمبیا (British Columbia) کانادا نگاشته شده است. نویسنده این کتاب دارای مجوزهای حرفه‌ای معتبر بوده و تجربه کاری خود را در همین استان کسب کرده است؛ ازاین‌رو، قوانین، مقررات، رویه‌ها و شرایط بازار املاک و وام مسکن در سایر استان‌ها یا مناطق کانادا ممکن است به‌طور قابل‌توجهی متفاوت باشد.

اگرچه این اثر با دقت فراوان و بر پایه دانش تخصصی و تجربه عملی نویسنده تهیه شده است، اما نویسنده و ناشر هیچ‌گونه تضمینی در خصوص جامع‌بودن مطالب یا عدم وجود خطاهای احتمالی ارائه نمی‌دهند. قوانین، مقررات و شرایط بازار ممکن است در طول زمان و بدون اطلاع قبلی تغییر کنند و تفسیر آن‌ها بسته به شرایط فردی هر شخص متفاوت باشد. نویسنده و ناشر هیچ‌گونه مسئولیت مستقیم یا غیرمستقیم در قبال تصمیمات اتخاذشده یا پیامدهای ناشی از استفاده از مطالب این کتاب را بر عهده نمی‌گیرند.

با توجه به حساسیت موضوعات مالی و حقوقی، توصیه می‌شود خوانندگان پیش از هرگونه اقدام، حتماً با مشاوران واجد شرایط که دارای مجوز معتبر در استان محل انجام معامله هستند، از جمله وکلای حقوقی، مشاوران مالی یا مشاوران رسمی املاک و وام، مشورت نمایند.

مقدمه

در دنیای پرتلاطم امروز، خرید خانه در کانادا نه‌تنها گامی به سوی ثبات و آرامش است، بلکه یکی از مهم‌ترین تصمیم‌های مالی در زندگی فرد یا خانواده به شمار می‌آید. این کتاب، پلی است میان رؤیاهای شما و واقعیتی که در پی ساختنش هستید؛ راهنمایی جامع و عملی برای هر آنچه باید درباره وام مسکن و خرید خانه در کانادا بدانید.

تصور کنید فانوسی در دست دارید که مسیر پیچیده‌ی خرید خانه در کانادا را برایتان روشن می‌کند. این کتاب، می‌تواند همان فانوس باشد؛ نوری در تاریکی که شما را از گرداب اطلاعات ناقص و پراکنده‌ی فضای مجازی به ساحل امن دانش و اطمینان هدایت می‌کند. اطلاعات این کتاب، به‌صورت جامع و کاربردی گردآوری شده‌اند تا با شناختی کامل از مراحل، رؤیای خانه‌دار شدن خود را به واقعیت تبدیل کنید. از انتخاب مشاور آگاه گرفته تا انتخاب ملک مناسب و آگاهی از شرایط دریافت وام با بهره‌ی مطلوب، این کتاب به شما کمک می‌کند تا با دیدی روشن و آگاهانه تصمیم‌گیری کنید. به‌جای افتادن در دام باورهای عامیانه، با اطلاعات مستدل و واقعی، قدرت انتخاب‌های بهتری خواهید داشت.

این اثر بر پایه‌ی تجربه‌های واقعی و داده‌های مستند نگارش شده است و با در نظر گرفتن تنوع فرهنگی و اقتصادی میان ایران و کانادا، تلاش کرده نیازهای گوناگون خوانندگان را پاسخ دهد.

با مطالعه‌ی این کتاب، نه‌تنها روش خرید خانه را فرا می‌گیرید، بلکه اصول سرمایه‌گذاری هوشمندانه در آینده‌تان را نیز درک می‌کنید.

با هر صفحه‌ای که می‌خوانید، یک گام به خانه‌ی رؤیایی‌تان در کانادا نزدیک‌تر می‌شوید. این کتاب نه‌فقط یک راهنما، بلکه همراهی قابل‌اعتماد در مسیر خانه‌دار شدن شماست؛ همراهی که به شما اعتمادبه‌نفس و دانش لازم برای گرفتن بهترین تصمیم‌ها را می‌دهد. برای حفظ کارایی بلندمدت کتاب، از اشاره به جزئیات قوانین متغیر خودداری شده و تنها اصول کلی و ثابت بیان شده‌اند. در مواردی که دانستن جزئیات ضروری است، خواننده به منابع معتبر ارجاع داده شده تا از به‌روز بودن اطلاعات اطمینان حاصل شود.

و حالا، خوش آمدید به آغاز سفری که می‌تواند زندگی شما را برای همیشه تغییر دهد.

انواع مجوزها و گواهینامه‌های مرتبط با املاک در کانادا

در دنیای پیچیده و چندلایه‌ی املاک کانادا، مجوزها و گواهینامه‌های حرفه‌ای جایگاهی کلیدی دارند. این مجوزها که به مشاغلی همچون کارگزاران وام مسکن، مشاوران املاک، مدیران املاک، و مدیران مجتمع‌های مسکونی تعلق می‌گیرند، نه‌تنها نقش‌ها و مسئولیت‌های متمایزی دارند، بلکه هر یک به‌گونه‌ای خاص در فرآیند خرید، فروش، و مدیریت املاک مؤثرند.

نکته‌ی مهم این است که مشاوران دارای مجوز، بر اساس قانون، نماینده‌ی رسمی مشتریان خود محسوب می‌شوند. این نوع رابطه، مسئولیت‌هایی را هم برای مشاور و هم برای مشتری ایجاد می‌کند. آشنایی با این نقش‌ها و تفاوت‌ها، به شما کمک می‌کند تا از خدمات هر متخصص، به‌طور هدفمند بهره ببرید و تصمیم‌گیری‌های دقیق‌تری داشته باشید.

در ادامه، با جزئیات بیشتری به بررسی هر یک از این مجوزها و نقش آن‌ها در بازار املاک کانادا می‌پردازیم.

کارگزار وام مسکن[1]

کارگزاران وام مسکن با شناخت عمیق از بازار مالی، انواع وام‌ها، و مقررات اعطای آن‌ها، نقش راهنما و مشاور را در فرآیند دریافت وام ایفا می‌کنند. آن‌ها با درنظر گرفتن شرایط مالی و نیازهای خاص مشتریان، بهترین گزینه‌های وام را از میان بانک‌ها و مؤسسات مختلف شناسایی و پیشنهاد می‌کنند.

از بررسی مدارک لازم تا مذاکره برای دریافت شرایط ایده‌آل، کارگزار وام شما را در هر مرحله با دقت همراهی می‌کند. دانش تخصصی آن‌ها می‌تواند فرآیند دریافت وام را تسهیل کرده، از پیچیدگی‌ها بکاهد و شانس دریافت وام مناسب‌تر را افزایش دهد.

---

1. Mortgage Brokers

مشاور املاک[1]

مشاوران املاک متخصصانی حرفه‌ای هستند که در زمینه‌ی بازار محلی، قوانین املاک، فرآیند خرید و فروش، و مهارت‌های مذاکره و بازاریابی، دانش و تجربه دارند. آن‌ها به افراد در خرید، فروش، اجاره، سرمایه‌گذاری، و ارزیابی املاک کمک می‌کنند تا بهترین تصمیم‌ها را اتخاذ کنند.

برخی از این مشاوران در حوزه‌های خاصی تخصص دارند؛ مثلاً در املاک تجاری یا ملک‌های Leasehold، که در ادامه کتاب به آن‌ها پرداخته خواهد شد.

مدیر املاک[2]

مدیران املاک در کانادا، با تکیه بر دانش حرفه‌ای، مسئولیت اداره‌ی روزانه‌ی املاک را برعهده دارند. از تنظیم قراردادهای اجاره و جمع‌آوری اجاره‌بها گرفته تا رسیدگی به شکایات و نگهداری ملک، این افراد تضمین می‌کنند که املاک به شکلی مؤثر و قانونی اداره شوند.

نقش آن‌ها برای حفظ ارزش سرمایه‌گذاری ملک و مدیریت رابطه‌ی میان مالک و مستأجر حیاتی است.

مدیر مجتمع مسکونی[3]

مدیران مجموعه‌های مسکونی یا شرکت‌های مدیریت مجتمع‌ها، مسئولیت نظارت بر بخش‌های مشترک ساختمان، امور مالی، جلسات مالکان، تعمیرات، و به‌روزرسانی‌های بلندمدت را برعهده دارند. این افراد باید درک دقیقی از قوانین محلی، بودجه‌بندی، بیمه، و امور نگهداری داشته باشند.

مهارت‌های سازمانی قوی، توانایی حل تعارض، و دانش حقوقی از جمله الزامات این حرفه است.

---

1. Realtor
2. Property Manager
3. Strata Manager

همکاری بین مشاور املاک و کارگزار وام

حال تصور کنید در مسیر خرید خانه‌ی رویایی‌تان هستید. در این مسیر، دو راهنمای کلیدی همراهتان هستند: مشاور املاک و کارگزار وام مسکن. هر یک تخصص و زاویه‌ی دید خاصی دارند، اما موفقیت شما زمانی تضمین می‌شود که این دو نقش، در هماهنگی کامل با یکدیگر عمل کنند.

مشاور املاک نیازمند آگاهی از قدرت خرید شماست تا بتواند گزینه‌های مناسبی پیشنهاد دهد. از طرف دیگر، کارگزار وام برای ارزیابی شرایط مالی شما نیاز به اطلاعاتی درباره‌ی ملک مورد نظر دارد. اگر اطلاعات دقیق و شفافی میان این دو رد و بدل نشود، ممکن است فرصت‌های مهمی از دست بروند یا تصمیم‌گیری شما دچار اختلال شود. با گفت‌وگوی شفاف و دقیق با هر دو مشاور، می‌توانید فرآیند خرید خانه را مؤثرتر، سریع‌تر و آگاهانه‌تر طی کنید. این کتاب، ابزارهای لازم برای این گفت‌وگو و درک بهتر این فرایند را در اختیار شما قرار خواهد داد.

حال تصور کنید که فردی را بیابید که هم در حوزه‌ی مشاوره‌ی املاک، و هم در زمینه‌ی وام مسکن تخصص دارد. چنین فردی، می‌تواند تصویری جامع از تمام ابعاد خرید خانه به شما ارائه دهد و نقش یک مشاور چندبُعدی را ایفا کند.

جمع‌بندی:

هدف این کتاب، ارائه‌ی دانشی جامع و کاربردی است تا بتوانید با اطمینان، فعالانه، و آگاهانه در فرآیند خرید خانه مشارکت کنید. با مطالعه‌ی این مطالب، آمادگی لازم برای تصمیم‌گیری‌های مالی و ملکی را خواهید داشت. به یاد داشته باشید که خرید خانه، یکی از مهم‌ترین تصمیم‌های زندگی شماست. پس بیایید این مسیر را با آگاهی و آمادگی طی کنیم، قدم‌به‌قدم تا رسیدن به خانه‌ی رؤیایی‌تان.

چرا در کانادا خانه بخریم؟

کانادا با بازار املاک باثبات و قابل پیش‌بینی، یکی از بهترین مقاصد برای سرمایه‌گذاری در حوزه مسکن محسوب می‌شود. خرید خانه در این کشور می‌تواند نقش مهمی در ایجاد ثروت، تأمین ثبات مالی و دستیابی به استقلال اقتصادی ایفا کند. در ادامه به برخی از مهم‌ترین مزایا و دلایل خرید خانه در کانادا می‌پردازیم:

سرمایه‌گذاری پایدار و مطمئن

سرمایه‌گذاری در املاک، از مطمئن‌ترین و هوشمندانه‌ترین روش‌ها برای حفظ و افزایش دارایی به شمار می‌رود. این نوع سرمایه‌گذاری دارای ویژگی‌های منحصربه‌فردی است که آن را از سایر گزینه‌ها متمایز می‌کند:

- **حفظ ارزش سرمایه:** برخلاف بازار سهام یا کسب‌وکارهایی که ممکن است به‌دلیل نوسانات شدید یا ورشکستگی به‌طور کامل از بین بروند، املاک همواره دارای یک ارزش ذاتی هستند و هیچ‌گاه به صفر نمی‌رسند.

- **رشد بلندمدت ارزش ملک:** تجربه سال‌های اخیر در شهرهایی مانند تورنتو و ونکوور نشان داده که قیمت املاک در بلندمدت روندی افزایشی دارد. عواملی چون محدودیت زمین، مهاجرت مستمر، آب‌وهوای مطلوب، افزایش هزینه ساخت‌وساز و قوانین پیچیده ساخت‌وساز موجب افزایش تقاضا و در نتیجه، افزایش پایدار قیمت‌ها شده‌اند.

- **درآمدزایی از طریق اجاره:** املاک علاوه‌بر رشد ارزش، منبع درآمدی مطمئن از طریق اجاره نیز فراهم می‌کنند و بازدهی سرمایه‌گذاری را افزایش می‌دهند.

مجموع این عوامل، سرمایه‌گذاری در املاک را به یکی از امن‌ترین و سودآورترین مسیرهای دستیابی به امنیت مالی در بلندمدت تبدیل کرده است.

دستیابی به ثبات، امنیت و استقلال

مالکیت خانه، برخلاف اجاره‌نشینی، ثبات و استقلال بیشتری به همراه دارد. اگرچه قوانین کانادا حمایت‌های مناسبی از مستأجران ارائه می‌دهد، اما این حمایت‌ها همیشگی و مطلق نیستند. در بسیاری از موارد، مالک می‌تواند درخواست تخلیه به‌دلایلی مانند استفاده شخصی از ملک داشته باشد که می‌تواند برای مستأجر چالش‌برانگیز باشد.

در مقابل، خرید خانه حس تعلق، امنیت روانی و آزادی در تصمیم‌گیری را به همراه دارد. شما می‌توانید مطابق سلیقه خود بازسازی کرده، فضا را شخصی‌سازی کرده و از مزایای بلندمدت سرمایه‌گذاری بهره‌مند شوید.

حفظ پس‌انداز

پرداخت وام مسکن در واقع نوعی پس‌انداز بلندمدت است. با گذر زمان، هم ارزش ملک افزایش می‌یابد و هم بدهی شما کاهش می‌یابد، که منجر به ایجاد یک دارایی ارزشمند می‌شود.

برای مثال، اگر ملکی به ارزش ۵۰۰٬۰۰۰ دلار در ونکوور خریداری شود (با ۱۰۰٬۰۰۰ دلار پیش‌پرداخت و ۴۰۰٬۰۰۰ دلار وام)، به طور تاریخی و کلی قیمت خانه در ونکوور هر ۱۰ سال دو برابر شده است. پس احتمالاً قیمت این ملک بعد از ۱۰ سال به یک میلیون دلار خواهد رسید، در حالی‌که بدهی باقی‌مانده ممکن است به حدود ۳۰۰٬۰۰۰ دلار کاهش یابد. این یعنی ارزش خالص دارایی شما در ملک از ۱۰۰٬۰۰۰ دلار به ۷۰۰٬۰۰۰ دلار افزایش پیدا کرده است.

چنین دارایی‌ای می‌تواند در زمان بازنشستگی یا در شرایط اضطراری به‌عنوان پشتوانه مالی مطمئن مورد استفاده قرار گیرد. در حالی که اجاره‌نشینی، هزینه‌ای است که به مالک پرداخت می‌شود بدون بازگشت مالی، اقساط وام مسکن تبدیل به یک دارایی بلندمدت خواهند شد.

حمایت دولت و برنامه‌های تشویقی، مزایای مالیاتی و وام مسکن

یکی از تفاوت‌های اساسی کانادا با کشورهایی مانند ایران، وجود سیاست‌ها و برنامه‌های حمایتی برای تسهیل خرید خانه برای عموم مردم است.

برخی از این برنامه‌ها عبارت‌اند از:

- **وام مسکن با پیش‌پرداخت پایین:** در بسیاری موارد، خریداران می‌توانند تا ۹۵درصد از قیمت خانه را وام بگیرند.

- **برنامه‌های استانی و فدرال:** شامل کمک‌هزینه، معافیت‌های مالیات انتقال سند و یا مالیات سالانه شهرداری، یا وام‌های خاص.

- **تخفیف‌های مالیاتی برای سود سرمایه‌ای[1]:** تحت شرایطی، سود حاصل از افزایش ارزش ملک در مالیات نهایی تخفیف قابل توجهی دارد و یا بطور کامل بخشیده می‌شود.

این برنامه‌ها مدام به‌روزرسانی می‌شوند، بنابراین ضروری است که اطلاعات جدید را از طریق منابع رسمی، مشاوران املاک (Realtors) و وکلای متخصص در این زمینه پیگیری کنید.

نتیجه‌گیری

خرید خانه در کانادا نه‌تنها یک سرمایه‌گذاری مالی مطمئن است، بلکه راهی برای دستیابی به ثبات، استقلال و امنیت در زندگی فردی و خانوادگی محسوب می‌شود. با حمایت‌های دولتی، بازار پررونق و چشم‌انداز مثبت رشد قیمت‌ها، این تصمیم می‌تواند یکی از مؤثرترین گام‌ها برای ساخت آینده‌ای روشن‌تر باشد.

---

1. Capital Gains

باورهای بازدارنده

باورهای بازدارنده‌ای وجود دارد که مانع ورود ما به بازار مسکن کانادا می‌شود. خودم نیز در ابتدای مهاجرتم دچار چنین باورهایی بودم که نتیجتاً فرصت‌های ارزشمندی را از دست دادم و باعث عقب‌ماندگی مالی‌ام شد. در این نوشتار، سعی کرده‌ام برخی از این باورها را مطرح و دلایل نادرست بودن آن‌ها را توضیح دهم.

صبر کنیم قیمت‌ها در بازار ملک پایین بیاید، بعد می‌خریم!

یکی از باورهای رایج این است که باید منتظر سقوط قیمت‌ها شد و سپس خرید کرد. این نگرش، خصوصاً بین کسانی که به دنبال خرید اولین خانه‌شان هستند، مشهود است. آن‌ها امیدوارند که با کاهش قیمت‌ها، خریدی سودمند انجام دهند. با این حال، انتظار برای سقوط قیمت‌ها در بازار مسکن کانادا به دلایل زیر می‌تواند ریسکی باشد:

۱. **قیمت‌ها بی‌دلیل بالا است و پایین خواهد آمد:** در کشورهای مهاجرپذیری مانند کانادا که معمولاً با چالش کمبود مسکن مواجه هستند، افزایش قیمت‌ها پدیده‌ای طبیعی است. این افزایش به دلیل فشارهای مستمر تقاضا در بازارهایی است که عرضه توان پاسخ‌گویی کامل به نیازهای جامعه را ندارد.

۲. **پیش‌بینی بازار دشوار است:** بازارهای مسکن تحت تأثیر عوامل متعددی هستند؛ از جمله سیاست‌های اقتصادی، نرخ بهره، تورم، وضعیت اقتصادی کلی، و تقاضای محلی. تلاش برای زمان‌بندی بازار ممکن است منجر به از دست دادن فرصت‌های خرید شود. گاهی تنها یک خبر غیرمنتظره از تغییر سیاست‌های دولت کافی است تا بازار را به‌کلی تغییر دهد.

۳. **از دست دادن فرصت‌های موجود:** در حالی که منتظر کاهش قیمت‌ها هستید، ممکن است فرصت‌های طلایی خرید ملک با قیمت‌های مناسب را از دست بدهید. این املاک معمولاً سریع به فروش می‌رسند.

۴. **تغییرات در سیاست‌های مالی و پولی:** دولت‌ها برای جلوگیری از سقوط بازار مسکن معمولاً اقداماتی نظیر کاهش نرخ بهره یا ارائه بسته‌های اقتصادی انجام می‌دهند. این اقدامات می‌توانند موجب تثبیت یا افزایش قیمت‌ها شوند؛ همان‌طور که در دوران همه‌گیری کرونا اتفاق افتاد.

۵. تورم و افزایش قیمت‌ها: در بلندمدت، قیمت مسکن معمولاً افزایش می‌یابد. این افزایش به دلیل تورم و افزایش هزینه‌های ساخت‌وساز است. در شرایط تورمی، حتی نگهداری پول نقد موجب کاهش قدرت خرید می‌شود. بنابراین خرید ملک در چنین شرایطی می‌تواند نوعی محافظت از سرمایه باشد.

در دوره‌های تورمی، ارزش واقعی پول نقد کاهش می‌یابد. این به معنای آن است که صرف‌نظر از اینکه چه میزان پول نقد برای آینده کنار می‌گذارید، قدرت خرید آن به‌مرور زمان کاهش خواهد یافت. تورم، که به افزایش عمومی قیمت‌ها در اقتصاد اشاره دارد، و نرخ تورم، که سرعت این افزایش را نشان می‌دهد، دو نیروی بنیادی هستند که به‌طور غیرمستقیم افزایش قیمت‌های مسکن در بلندمدت را تضمین می‌کنند. بنابراین، حتی در شرایط تورمی (خواه پایین یا بالا)، هزینه‌های مرتبط با ساخت و نگهداری املاک افزایش می‌یابد و این به تقویت روند افزایشی قیمت‌های مسکن در بلندمدت منجر می‌شود.

۶. عوامل بازار: مهاجرت، تغییر در سبک زندگی و توسعه شهری می‌توانند تقاضا برای مسکن را حتی در شرایط پیش‌بینی‌شده رکود، افزایش دهند.

۷. تمرکز بر رفع نیاز و ارزش بلندمدت: تأخیر در خرید خانه نه تنها به معنای پرداخت اجاره بیشتر است، بلکه از فرصت‌های مالکیت و سرمایه‌گذاری نیز محروم می‌شوید. به‌جای خرید در پایین‌ترین قیمت ممکن، تمرکز باید بر ارزش بلندمدت و تطابق ملک با نیازهای فردی باشد.

به طور خلاصه، در حالی که ایده‌ی انتظار برای خرید در پایین‌ترین قیمت ممکن جذاب به نظر می‌رسد، واقعیت‌های بازار مسکن و محدودیت‌های پیش‌بینی آن، می‌توانند این استراتژی را به رویکردی پرریسک تبدیل کنند. برای خریدارانی که قصد استفاده شخصی از ملک دارند، بهتر است تصمیم‌گیری بر اساس نیازها، توانایی مالی و اهداف بلندمدت انجام شود، نه بر مبنای تلاش برای زمان‌بندی بازار. بازار مسکن در بلندمدت معمولاً سودآور و کم‌ریسک است، چرا که روند کلی آن در بلندمدت صعودی بوده است.

برای درک بهتر این موضوع، می‌توان نگاهی به دوران همه‌گیری ویروس کرونا (COVID-19) و تأثیر آن بر بازار مسکن انداخت. در ابتدای پاندمی در اوایل سال ۲۰۲۰، بسیاری از مردم و تحلیل‌گران پیش‌بینی کردند که بازار مسکن دچار سقوط خواهد شد.

دلایل این پیش‌بینی‌ها عبارت بودند از:

۱. **افزایش نرخ بیکاری:** به دلیل قرنطینه‌ها و تعطیلی بسیاری از کسب‌وکارها، نرخ بیکاری به‌شدت افزایش یافت. انتظار می‌رفت این وضعیت توانایی مردم برای خرید خانه یا پرداخت اقساط وام‌های مسکن را کاهش دهد.

۲. **کاهش فعالیت‌های اقتصادی:** با توقف بسیاری از فعالیت‌های اقتصادی، این انتظار وجود داشت که اقتصادها وارد رکود شوند و در نتیجه تقاضا برای مسکن کاهش یابد.

با این حال، در بسیاری از کشورها از جمله کانادا، بازار مسکن نه تنها سقوط نکرد، بلکه رشد قابل توجهی را تجربه کرد.

عواملی که به این رشد کمک کردند عبارت بودند از:

۱. **کاهش نرخ بهره:** بانک‌های مرکزی در سراسر جهان نرخ بهره را به‌طور چشمگیری کاهش دادند تا اقتصاد را تحریک کنند. این اقدام باعث شد وام‌های مسکن ارزان‌تر شوند و خرید خانه برای بسیاری از افراد جذاب‌تر گردد.

۲. **تغییر در الگوهای زندگی و کار:** با گسترش کار از راه دور، بسیاری از افراد ترجیح دادند به مناطقی با هزینه زندگی پایین‌تر یا با فضای بیشتر نقل مکان کنند. این تغییر موجب افزایش تقاضا برای خرید خانه در برخی مناطق شد.

۳. **سرمایه‌گذاری به‌عنوان پناهگاه امن:** در شرایط بی‌ثبات اقتصادی، بسیاری از سرمایه‌گذاران بازار مسکن را به‌عنوان یک پناهگاه امن برای سرمایه‌های خود انتخاب کردند.

این دوران نشان داد که چگونه پیش‌بینی‌های مربوط به بازار مسکن می‌توانند به‌شدت تحت تأثیر عوامل غیرمنتظره قرار بگیرند و چرا انتظار برای سقوط بازار می‌تواند رویکردی پرریسک برای خریداران بالقوه باشد. به جای اتکا به پیش‌بینی‌های نامطمئن، خریداران باید تصمیم‌گیری‌های خود را بر پایه تحلیل شرایط واقعی بازار، توان مالی خود و نیازهای بلندمدت‌شان انجام دهند.

رشد قیمت ملک در ایران بیشتر از کانادا است

برای مقایسه‌ی رشد قیمت مسکن در دو منطقه‌ی مختلف، می‌توان از دو نمودار استفاده کرد که هرکدام نشان‌دهنده‌ی تغییرات قیمتی در یک دوره‌ی زمانی مشخص هستند. نمودار اول، از سایت «اقتصاد آنلاین» گرفته شده و رشد قیمت مسکن در تهران را به دلار آمریکا نمایش می‌دهد. در مقابل، نمودار دوم که از سایت «انجمن املاک ونکوور» استخراج شده، تغییرات قیمت مسکن در شهر ونکوور را به تصویر می‌کشد.

بر اساس این داده‌ها، طی ۲۰ سال گذشته، ارزش دلاری هر متر مربع مسکن در تهران از ۱,۱۵۸ دلار به ۱,۲۲۷ دلار افزایش یافته است؛ یعنی تنها حدود ۶ درصد رشد داشته است. این در حالی‌ست که بر اساس نمودار مربوط به ونکوور، قیمت هر فوت مربع مسکن در منطقه‌ی ونکوور بزرگ طی کمتر از ۲۰ سال از ۲۵۴ دلار به ۸۷۴ دلار رسیده است؛ یعنی رشدی برابر با ۲۴۴ درصد.

این تفاوت چشمگیر در رشد قیمت‌ها نشان می‌دهد که نباید تنها به اعداد اسمی رشد بازار مسکن در ایران اکتفا کرد. وقتی قیمت‌ها را با مقیاس دلاری بررسی می‌کنیم، واقعیت رشد واقعی[1] نمایان می‌شود.

برای درک بهتر این موضوع، مفهوم هزینه فرصت[2] مطرح می‌شود. اگر یک سرمایه‌گذار همان مبلغی را که برای خرید ملک در تهران صرف کرده، در ونکوور سرمایه‌گذاری می‌کرد، با توجه به رشد بسیار بالاتر بازار مسکن در ونکوور، بازدهی قابل‌توجه‌تری به‌دست می‌آورد. این تفاوت در بازدهی، همان هزینه‌ی فرصتی است که در نتیجه‌ی انتخاب سرمایه‌گذاری در تهران به‌جای ونکوور از دست رفته است.

هزینه فرصت، مفهومی کلیدی در علم اقتصاد است که به هزینه‌ای اشاره دارد که در نتیجه‌ی انتخاب یک گزینه به‌جای گزینه‌ی دیگر پرداخت می‌شود. این مفهوم بر این اصل استوار است که منابع ما (مانند پول، زمان، یا منابع طبیعی) محدود هستند و انتخاب یک فرصت، به‌معنای چشم‌پوشی از سایر فرصت‌ها است.

1. Real Growth
2. Opportunity Cost

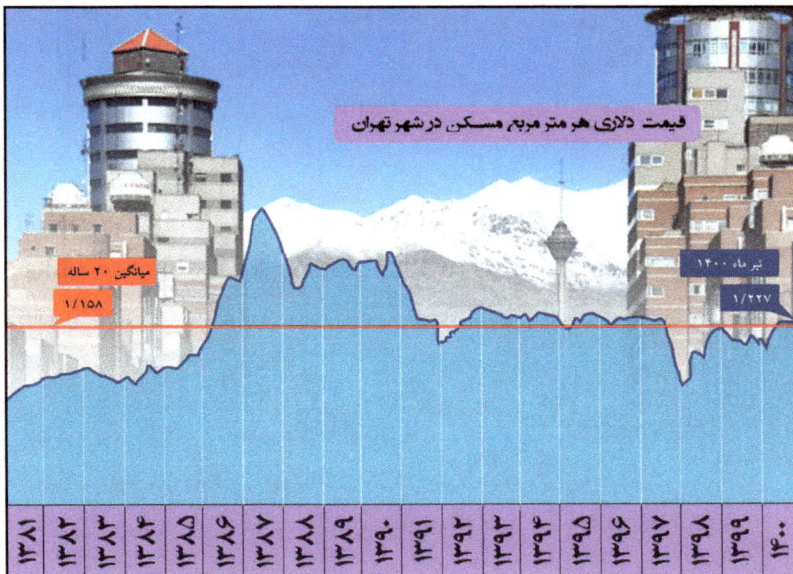

قیمت دلاری هر متر مربع مسکن در شهر تهران
میانگین ۲۰ ساله
۱/۱۵۸
تیر ماه ۱۴۰۰
۱/۲۲۷
۱۳۸۱
۱۳۸۲
۱۳۸۳
۱۳۸۴
۱۳۸۵
۱۳۸۶
۱۳۸۷
۱۳۸۸
۱۳۸۹
۱۳۹۰
۱۳۹۱
۱۳۹۲
۱۳۹۳
۱۳۹۴
۱۳۹۵
۱۳۹۶
۱۳۹۷
۱۳۹۸
۱۳۹۹
۱۴۰۰

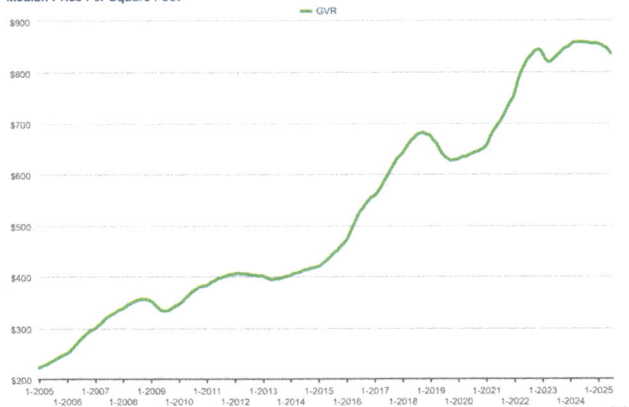

Payam Roshani PREC*
Oakwyn Realty Ltd.
Office: 604-620-6788
Cell: 778-320-3282
homes@payamroshani.com
GREATER VANCOUVER REALTORS
Median Price Per Square Foot
GVR
$900
$800
$700
$600
$500
$400
$300
$200
1-2005
1-2006
1-2007
1-2008
1-2009
1-2010
1-2011
1-2012
1-2013
1-2014
1-2015
1-2016
1-2017
1-2018
1-2019
1-2020
1-2021
1-2022
1-2023
1-2024
1-2025
GVR
Each data point is 12 months of activity. Data is from August 4, 2025.
All data from Greater Vancouver REALTORS © 2025 ShowingTime Plus, LLC

برای خرید خانه هیچ‌وقت دیر نیست و باید منتظر خانه‌ی ایده‌آل بمانم!

ایده‌ی «برای خرید خانه هیچ‌وقت دیر نیست» ممکن است برای برخی افراد درست نباشد. در بسیاری از موارد، بهتر است افراد متناسب با توان مالی خود وارد بازار مسکن شوند و به‌مرور زمان خانه‌ی خود را به سطح بالاتری ارتقا دهند. برای درک بهتر این موضوع، توجه به چند عامل کلیدی ضروری است:

۱. **افزایش سریع قیمت مسکن نسبت به درآمدها:** در سال ۲۰۲۱، مقاله‌ای در روزنامه‌ی National Post منتشر شد که توجه زیادی را به خود جلب کرد. این مقاله نشان می‌داد شکاف بین درآمد خانوار و قیمت مسکن در کانادا به‌شدت در حال افزایش است.

نمودار زیر، برگرفته از همان مقاله، این روند را به تصویر می‌کشد: قیمت مسکن با سرعتی بیش از رشد درآمدها در حال افزایش است. در نتیجه، هر ساله تعداد بیشتری از افراد از بازار مسکن جا می‌مانند و دیگر هرگز امکان خانه‌دار شدن پیدا نمی‌کنند.

HOUSING AFFORDABILITY IN CANADA

House prices to disposable income have soared

REAL HOUSE PRICE VS. REAL DISPOSABLE INCOME (Q1 '75 = 100)

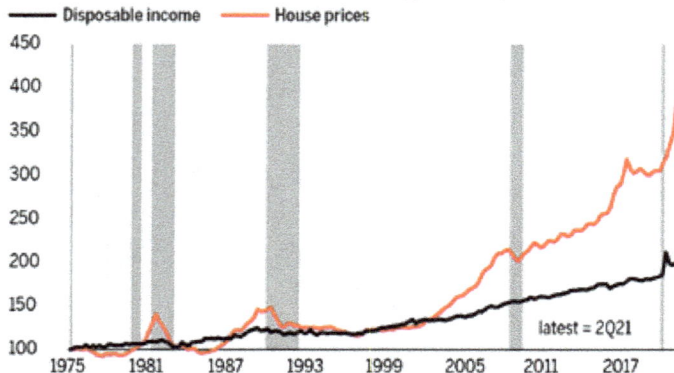

— Disposable income   — House prices

450
400
350
300
250
200
150
100

latest = 2Q21

1975   1981   1987   1993   1999   2005   2011   2017

SOURCE: MACROBOND, MACQUARIE MACRO STRATEGY   NATIONAL POST

در ژوئن ۲۰۲۴، خبرگزاری CityNews Vancouver گزارش داد که در سال ۱۹۹۴ متوسط قیمت خانه در ونکوور حدود ۸ برابر میانه درآمد خانوار پس از کسر مالیات بود، اما این عدد در سال ۲۰۲۴ به ۱۴ برابر رسید. طی این سی سال، درآمد خانوار پس از کسر مالیات ۱۴۷ درصد رشد داشت (از ۳۶,۲۵۴ دلار به ۸۹,۷۷۱ دلار)، در حالی‌که متوسط قیمت خانه ۳۴۷ درصد افزایش یافت (از ۲۸۹,۳۳۴ دلار به ۱,۲۹۵,۶۱۹ دلار).

این داده‌ها نشان می‌دهد که تصور "هیچ‌وقت برای خرید خانه دیر نیست" در شرایطی که قیمت‌ها با چنین سرعتی از درآمدها پیشی می‌گیرند، چندان واقع‌بینانه نیست.

۲. **تغییر نرخ بهره و سخت‌تر شدن شرایط دریافت وام:** مقدار وامی که خریداران می‌توانند دریافت کنند، به نرخ بهره و قوانین بانکی وابسته است. در سال‌های اخیر، قوانین و مقررات سخت‌گیرانه‌تری برای اعطای وام تصویب شده است. برای مثال، در سال ۲۰۱۸، قانون «آزمون استرس» برای وام‌های مسکن اجرا شد تا توانایی بازپرداخت وام در صورت افزایش نرخ بهره سنجیده شود. در ژانویه‌ی ۲۰۲۱، این آزمون سخت‌تر شد و حداقل نرخ بهره به ۵/۲۵ درصد یا نرخ قراردادی به‌علاوه ۲ درصد افزایش یافت. این تغییر، قدرت وام‌گیری را به‌طور میانگین حدود ۵ درصد کاهش داد. در نتیجه، بسیاری از افراد دیگر قادر به دریافت وام‌های بزرگ نبودند.

۳. **تغییر در شرایط فردی و بازار:** با افزایش سن، شرایط مالی، خانوادگی و شغلی فرد دچار تغییر می‌شود؛ شرایطی که می‌تواند توان خرید مسکن را کاهش دهد. همچنین، بازار مسکن ممکن است دچار نوساناتی شود که امکان خرید خانه را دشوارتر کند.

۴. **از دست دادن فرصت‌های سرمایه‌گذاری:** خرید خانه معمولاً به‌عنوان یک سرمایه‌گذاری بلندمدت در نظر گرفته می‌شود. به‌تعویق انداختن خرید، می‌تواند به از دست دادن فرصت‌های ارزش‌افزوده‌ی قابل توجه منجر شود. برای مثال، اگر کسی در سال ۲۰۱۰ تصمیم به خرید خانه‌ای با ارزش ۲۰۰,۰۰۰ دلار داشت اما آن را به تأخیر انداخت، ممکن است در سال ۲۰۲۰ مجبور به پرداخت ۴۰۰,۰۰۰ دلار برای همان خانه باشد. در این میان، نه‌تنها از افزایش ارزش ملک بی‌بهره مانده، بلکه در طول ده سال، اجاره یا قسط وام دیگری را پرداخت کرده که

به سرمایه‌اش بازنگشته است.

در نتیجه، اگرچه ممکن است برای برخی افراد واقعاً هیچ‌وقت برای خرید خانه دیر نباشد، اما برای بسیاری دیگر، تعویق در خرید خانه می‌تواند به معنای از دست دادن فرصت‌ها، مواجهه با دشواری‌های مالی، و محروم شدن از بازار مسکن باشد. تصمیم‌گیری برای خرید خانه باید بر اساس شرایط بازار، وضعیت مالی فرد و اهداف بلندمدت صورت گیرد.

خرید یک خانه‌ی کوچک‌تر می‌تواند استراتژی هوشمندانه‌ای برای ورود به بازار مسکن باشد. این کار باعث می‌شود بتوانید از افزایش ارزش ملک بهره‌مند شوید و با پرداخت اقساط وام، سهم مالکیت (اکویتی) خود را افزایش دهید. در آینده، همین اکویتی می‌تواند به سرمایه‌ای برای خرید خانه‌ی بهتر تبدیل شود. در واقع، به‌جای منتظر ماندن برای خانه‌ی رویایی، می‌توان با سرمایه‌گذاری مرحله‌ای، به آن نزدیک‌تر شد.

مراحل خرید ملک

خرید خانه در کانادا فرایندی چندمرحله‌ای است که به دقت و توجه زیادی نیاز دارد. آگاهی از این مراحل همانند نقشه راهی برای خریداران عمل می‌کند و به آن‌ها اطمینان می‌دهد که در مسیر درستی قرار دارند. آنچه در ادامه آمده است، نمایی کلی از این فرایند است و ممکن است بسته به شرایط خاص شما، جزئیاتی متفاوت داشته باشد. این مراحل به‌ترتیب معرفی می‌شوند و در ادامه کتاب، به‌تفصیل درباره هر یک توضیح داده خواهد شد:

۱. **مشاوره با کارگزار وام مسکن و تعیین بودجه:** پیش از هر اقدامی، باید بدانید که تا چه میزان توان مالی برای خرید خانه دارید و واقعاً چه مبلغی را می‌توانید هزینه کنید. این بررسی معمولاً شامل مواردی مانند حداکثر مبلغ وام قابل دریافت، شرایط بازپرداخت آن، هزینه‌های جانبی خرید خانه، توانایی شما در پرداخت اقساط، و هزینه‌های جاری نگهداری ملک است. داشتن یک برنامه مالی دقیق، پایه و اساس هر خرید موفق در بازار املاک به‌شمار می‌رود.

۲. **استخدام کارگزار املاک:** یک مشاور یا کارگزار املاک حرفه‌ای می‌تواند شما را در جستجوی خانه و کل فرآیند خرید همراهی و راهنمایی کند. ارائه مشاوره صادقانه، آشنایی با بازار، و تجربه کافی از سوی کارگزار املاک، تأثیر مستقیمی بر کیفیت خرید و نتیجه نهایی دارد. انتخاب فردی مطمئن و مجرب، نقش مهمی در عبور از مراحل پیچیده این مسیر و دستیابی به بهترین نتیجه ایفا می‌کند.

۳. **جستجوی خانه:** با کمک کارگزار املاک، بازدید از گزینه‌های موجود در بازار را آغاز کنید. ارائه اطلاعات دقیق درباره نیازها، شرایط، و ترجیحات خود به کارگزاران املاک و وام، موجب می‌شود تا راهنمایی‌های هدفمندتر و مؤثرتری دریافت کنید. این کار باعث صرفه‌جویی در وقت و انرژی شما و نیز افزایش احتمال یافتن خانه‌ای مناسب‌تر خواهد شد.

۴. **ارائه پیشنهاد خرید:** پس از انتخاب خانه مورد نظر، نوبت به ارائه پیشنهاد رسمی خرید می‌رسد. این پیشنهاد شامل جزئیات کلیدی مانند قیمت پیشنهادی، تاریخ‌های مهم، و شروط خاص است که در بخش‌های بعدی کتاب، به‌طور کامل توضیح داده می‌شود.

۵. مذاکره و توافق: ممکن است بین شما و فروشنده مذاکراتی بر سر قیمت یا شرایط قرارداد صورت گیرد. در این مرحله، دانستن استراتژی‌ها و نکات کلیدی برای رسیدن به توافقی منصفانه و منطقی، بسیار مفید خواهد بود.

۶. بازرسی ملک و بررسی مدارک: پس از توافق اولیه، یک بازرس متخصص وضعیت ساختمان و تأسیسات آن را بررسی می‌کند تا از سلامت فیزیکی ملک اطمینان حاصل شود. هم‌زمان، خریدار به‌همراه مشاور املاک و در صورت نیاز وکیل، اسناد و مدارک مربوط به ملک را نیز مرور می‌کند تا هرگونه ایراد حقوقی یا فنی احتمالی مشخص شود.

۷. نهایی کردن وام مسکن: در این مرحله، وام‌دهنده ممکن است ارزیابی دقیقی از ارزش ملک انجام دهد. سپس با بررسی اسناد مربوط به ملک و سوابق مالی خریدار، درباره تأیید نهایی وام تصمیم‌گیری می‌شود. این مرحله، گام مهمی در تکمیل فرآیند خرید است.

۸. تهیه بیمه ساختمان: پیش از نهایی‌شدن خرید، لازم است با یک کارگزار بیمه تماس گرفته و از امکان تهیه بیمه‌های ضروری مانند آتش‌سوزی، زلزله، یا سیل با قیمت مناسب اطمینان حاصل کنید. برخی از املاک ممکن است به‌دلیل موقعیت جغرافیایی یا سابقه خسارات، تحت پوشش همه بیمه‌ها قرار نگیرند، که این موضوع باید پیش از قطعی‌شدن خرید در نظر گرفته شود.

۹. حذف شروط قرارداد: در قرارداد خرید، تاریخ مشخصی برای بررسی و حذف شروط (مانند دریافت وام، بازرسی ملک، بررسی اسناد و تهیه بیمه) تعیین می‌شود. در صورتی که شروط تا این تاریخ برطرف نشوند، قرارداد به‌صورت خودکار لغو خواهد شد. البته با توافق دو طرف، می‌توان این تاریخ را تغییر داد.

۱۰. پرداخت ودیعه: پس از رفع شروط، قرارداد قطعی می‌شود و خریدار باید ودیعه را پرداخت کند. این مبلغ معمولاً حدود ۵ درصد از قیمت خرید است و در حساب امانی شرکت املاک نگهداری می‌شود تا در روز انتقال مالکیت، از طریق وکیل به فروشنده پرداخت شود.

۱۱. امضای اسناد و انتقال مالکیت: چند روز پیش از تاریخ انتقال، خریدار به‌همراه وکیل یا از طریق دفتر اسناد رسمی، کلیه اسناد مربوط به خرید و وام را امضا می‌کند. مالکیت رسمی ملک از این طریق به خریدار منتقل می‌شود. پیشنهاد می‌شود پیش از این مرحله، ارتباط با دفترخانه یا وکیل برقرار شود تا از تأخیر در انتقال سند جلوگیری شود. همچنین اطلاعات تماس وکیل باید به مشاور املاک و کارگزار وام اطلاع داده شود.

۱۲. تحویل کلید: پس از پایان مراحل قانونی و مالی، کلید ملک تحویل خریدار می‌شود. معمولاً این اتفاق در روز یا یک روز پس از انتقال رسمی مالکیت صورت می‌گیرد. از این لحظه، تمامی مسئولیت‌های مربوط به ملک بر عهده خریدار جدید خواهد بود. اطمینان از فعال‌بودن بیمه ساختمان در این مرحله ضروری است.

این مراحل ممکن است بسته به قوانین محلی یا شرایط خاص هر معامله متفاوت باشد. در فصل‌های بعدی این کتاب، هر یک از این مراحل به‌تفصیل شرح داده خواهد شد.

وام مسکن و تعیین بودجه

وام مسکن ستون فقرات بازار املاک است!

گام نخست در مسیر خرید خانه، مشورت با یک متخصص وام مسکن است تا حدود توانایی مالی شما و محدوده قیمتی خانه‌ای که می‌توانید خریداری کنید، مشخص شود. این فرآیند صرفاً بر مبلغ وام تمرکز ندارد، بلکه باید تأثیر آن بر بودجه ماهانه، هزینه‌های زندگی و سبک زندگی کنونی شما نیز در نظر گرفته شود. انجام یک ارزیابی دقیق و واقع‌بینانه از وضعیت مالی پیش از ورود به فرآیند خرید، اهمیت ویژه‌ای دارد و از بروز مشکلات و فشارهای مالی آینده جلوگیری می‌کند.

خرید خانه‌ای که فراتر از توان مالی شماست، می‌تواند منجر به استرس دائم، اختلافات خانوادگی، بحران‌های سلامتی و حتی از دست دادن خانه شود. در مقابل، انتخاب خانه‌ای متناسب با بودجه موجود، به شما این امکان را می‌دهد که بدون دغدغه مالی، از زندگی در خانه جدید لذت ببرید. وام مسکن نه‌تنها زیربنای بازار املاک است، بلکه یکی از کلیدهای دستیابی به خانه رویایی شما محسوب می‌شود؛ مشروط بر آنکه با آگاهی کامل نسبت به تعهدات مالی انتخاب گردد.

وام مسکن چیست؟

وام مسکن یک محصول مالی است که در آن وام‌گیرنده با پشتوانه یک ملک، مبلغی را از وام‌دهنده دریافت می‌کند و تعهد می‌دهد اصل و بهره آن را در مدت زمان مشخص بازپرداخت نماید. در صورتی که وام‌گیرنده به تعهدات خود عمل نکند، وام‌دهنده می‌تواند از طریق فرآیند «سلب مالکیت[1]» ملک را تملک کرده و مبلغ پرداختی خود را به همراه بهره و هزینه‌های قانونی بازیابی کند.

همچون هر محصول مالی دیگر، وام مسکن نیز دارای ویژگی‌های منحصر به فرد خود است که در این فصل به آنها اشاره خواهیم کرد. این محصول مالی می‌تواند بسته به ویژگی‌ها، امکانات، جریمه‌ها، و نحوه بازپرداخت متفاوت باشد. وام‌گیرنده لازم است هنگام اخذ وام، تمامی مفاد قرارداد و شرایط مربوطه را به‌دقت در نظر بگیرد.

یکی از اشتباهات رایج در انتخاب وام مناسب، توجه صرف به نرخ بهره است. این مانند آن است که تنها معیار شما برای خرید یک خودرو، میزان مصرف سوخت آن باشد. همان‌طور که کم‌مصرف‌ترین خودرو لزوماً بهترین گزینه برای شما نیست، وامی با کمترین نرخ بهره نیز ممکن است مناسب‌ترین گزینه مالی نباشد. هزینه کلی و امکانات جانبی وام، اهمیت بیشتری از نرخ اسمی آن دارد.

گاهی وام‌هایی با نرخ پایین، به‌دلیل هزینه‌های پنهان یا جریمه‌های سنگین، در نهایت گران‌تر تمام می‌شوند. در یک بازار آزاد، هزینه هر محصول مالی وابسته به سطح ریسک، کیفیت و خدمات جانبی آن است. همچنین در بسیاری از موارد، بسته به شرایط متقاضی، انتخاب نوع وام محدود است و هدف اصلی تنها تأمین مبلغ مورد نیاز خواهد بود. با توجه به اینکه وام مسکن یکی از بزرگ‌ترین وام‌هایی است که افراد در طول زندگی دریافت می‌کنند، داشتن اطلاعات کامل درباره مراحل، انواع و ویژگی‌های آن اهمیت زیادی دارد. این کتاب تلاش دارد به‌طور کامل و کاربردی، این اطلاعات را در اختیار خواننده قرار دهد تا بتواند با آگاهی، تصمیم‌گیری مالی صحیحی داشته باشد.

---

1. Foreclosure

مراحل دریافت وام مسکن:

اکثر متقاضیان مراحل زیر را در فرآیند دریافت وام مسکن طی می‌کنند. البته این مراحل بسته به شرایط خاص هر فرد یا نوع وام ممکن است متفاوت باشد.

۱. **مشاوره با متخصص وام مسکن:** اولین قدم، مشاوره با یک کارگزار وام مجرب است. حتی اگر هنوز واجد شرایط دریافت وام نیستید، این مشاوره به شما کمک می‌کند تا برنامه‌ریزی لازم برای دستیابی به شرایط مناسب را انجام دهید.

۲. **تکمیل فرم درخواست و ارائه مدارک:** فرم درخواست باید با دقت تکمیل شود و به کارگزار اجازه بررسی گزارش اعتباری[1] داده شود. مدارک مورد نیاز ممکن است شامل کارت شناسایی، گواهی درآمد، فیش حقوقی، اظهارنامه مالیاتی، صورت‌حساب‌های بانکی و گواهی اشتغال باشد. هرچه مدارک کامل‌تر و منظم‌تر باشند، روند بررسی سریع‌تر و ساده‌تر پیش خواهد رفت.

۳. **پیش‌تأیید یا ارزیابی اولیه:** دو اصطلاح رایج در این مرحله وجود دارد:

- **پیش‌صلاحیت[2]:** یک ارزیابی غیررسمی توسط کارگزار برای برآورد میزان وام قابل دریافت بر اساس اطلاعات اولیه است.

- **پیش‌تأیید رسمی[3]:** تأیید مشروط بانک برای مبلغ معینی از وام بر اساس بررسی اولیه مدارک. این تأییدیه معمولاً نرخ بهره ثابت را برای ۳ تا ۴ ماه تضمین می‌کند، اما ضمانتی برای پرداخت نهایی وام نیست.

۴. **ارائه قرارداد خرید و مدارک ملک:** پس از یافتن ملک و تنظیم قرارداد خرید، اسناد ملک باید به بانک ارائه شود. بانک در این مرحله جدی‌تر وارد بررسی می‌شود و پرونده را به یک کارشناس ارزیابی وام[4] ارجاع می‌دهد. توجه داشته باشید که خود ملک نیز باید مورد تأیید بانک باشد؛ چرا که وثیقه وام محسوب می‌شود.

۵. **تصویب مشروط وام[5]:** در صورت مناسب بودن شرایط، وام مشروط تصویب می‌شود. این تصویب می‌تواند شامل شروطی مانند ارائه مدارک بیشتر، ارزیابی

---

1. Credit Check
2. Pre-Qualification
3. Pre-Approval
4. Under Writer
5. Conditional Approval

ملک و... باشد. در صورت عدم رفع این شروط، وام پرداخت نمی‌شود. در صورت پذیرش تمام شرایط، بانک تأیید نهایی را صادر خواهد کرد.

۶. ارزیابی ملک: بانک برای اطمینان از ارزش واقعی ملک، آن را توسط کارشناس ارزیابی می‌کند. اگر ارزش ملک کمتر از قیمت خرید باشد، عموماً بانک تنها براساس ارزش ارزیابی شده وام می‌دهد و مابه‌تفاوت را خریدار باید پرداخت کند.

۷. امضای قرارداد وام: در این مرحله، قرارداد وام و سایر اسناد رسمی توسط خریدار امضا می‌شود. لازم است شرایط به دقت مطالعه شود و در صورت نیاز از مشاوره حرفه‌ای استفاده گردد. همچنین اطلاعات حساب بانکی برای برداشت اقساط باید ارائه شود.

۸. جلسه حضوری با بانک: برخی بانک‌ها پیش از پرداخت وام، جلسه‌ای حضوری برگزار می‌کنند برای تأیید اطلاعات، معرفی خدمات مالی دیگر و احتمالاً درخواست افتتاح حساب جدید جهت مدیریت آسان‌تر وام.

۹. دریافت وام: در روز انتقال مالکیت، مبلغ وام به حساب وکیل خریدار واریز می‌شود و نام بانک در سند ثبت می‌گردد. در صورت فاصله زمانی زیاد بین تأیید وام و روز انتقال، بانک ممکن است اطلاعات اعتباری و شغلی را مجدداً بررسی کند. وام‌دهنده‌ها نیاز به زمان کافی برای تأیید و پرداخت وام دارند که این زمان برای وام دهنده‌های مختلف می‌تواند متفاوت باشد. بنابراین، مشاور خرید مسکن شما باید زمان‌های کلیدی قرارداد را به گونه‌ای تنظیم کند که فرصت کافی برای دریافت تأییدیه وام و دریافت مبلغ وام در روز انتقال سند فراهم شود. به این طریق از بروز مشکلات رایج ناشی از تنظیم نامناسب تاریخ‌ها جلوگیری می‌شود.

۱۰. پرداخت اقساط وام: تاریخ و نحوه پرداخت اقساط توسط خریدار تعیین می‌شود (ماهانه، دو هفته یک‌بار، هفتگی و...). برخلاف اجاره‌نامه که پیشاپیش پرداخت می‌شود، اولین قسط وام معمولاً یک ماه پس از دریافت وام است. در ادامه، تفاوت روش‌های پرداخت و تأثیر آن بر بازپرداخت کامل توضیح داده خواهد شد.

نکته پایانی:

تنوع در مراحل، اصطلاحات و شرایط وام مسکن ممکن است در ابتدا پیچیده به نظر برسد، اما با داشتن اطلاعات درست، تصمیم گیری برای خرید خانه با آرامش و دقت بیشتری انجام می‌شود.

به چه کسانی برای گرفتن وام مسکن می‌توان مراجعه کرد:

در کانادا، هنگام جستجو برای تأمین مالی خرید مسکن، دو گزینه اصلی پیش روی شما قرار دارد: مشاورین وام مسکن (مورگیج بروکرها) و متصدیان وام مسکن در بانک‌ها. هر یک از این دو گزینه، خدمات متمایزی را ارائه می‌دهند و می‌توانند به شیوه‌های مختلفی به نیازهای شما پاسخ دهند.

مشاور وام مسکن[1]: مشاوران مستقلی هستند که با چندین بانک و مؤسسه مالی همکاری می‌کنند تا گزینه‌های مختلف وام را برای مشتریان خود فراهم آورند. آن‌ها با گذراندن دوره‌های تخصصی و اخذ مجوز از دولت، صلاحیت خود را برای این کار به اثبات رسانده‌اند. وظیفه و تعهد اصلی آن‌ها، باید ارائه بهترین خدمات ممکن به مشتریان و یافتن مناسب‌ترین گزینه‌های وام بر اساس شرایط مالی و نیازهای هر فرد باشد. مشتریان معمولاً هزینه‌ای مستقیم برای استفاده از خدمات بروکرها پرداخت نمی‌کنند، زیرا در بیشتر موارد، بروکرها پورسانت خود را از بانک‌ها یا مؤسسات مالی دریافت می‌کنند. البته، در صورتی که وام از مؤسسات مالی‌ای تأمین شود که پورسانت پرداخت نمی‌کنند، دستمزد مورگیج بروکر توسط مشتری و با اطلاع قبلی، به‌صورت قانونی و از طریق دفتر وکیل پرداخت خواهد شد.

متصدیان وام مسکن در بانک‌ها[2]: کارمندانی هستند که به‌طور مستقیم برای یک بانک خاص کار می‌کنند و تنها محصولات مالی و وام‌هایی را که توسط آن بانک ارائه می‌شود، به مشتریان پیشنهاد می‌دهند. این افراد پس از گذراندن دوره‌های آموزشی در بانک مربوطه، به‌عنوان مشاورانی عمل می‌کنند که هدفشان ارائه بهترین گزینه‌های موجود در همان بانک است. به‌طور کلی، استفاده از خدمات آن‌ها برای مشتری هزینه‌ای در بر ندارد.

بنابراین، انتخاب بین مورگیج بروکر و متصدی وام مسکن بانکی بستگی به نیازها، ترجیحات و شرایط مالی شما دارد. اگر به دنبال گزینه‌های متنوع و مقایسه شرایط وام از بانک‌ها و مؤسسات مختلف هستید، مورگیج بروکر می‌تواند انتخاب مناسبی باشد.

در مقابل، اگر تمایل دارید تنها از محصولات و خدمات یک بانک خاص استفاده کنید، متصدی وام مسکن آن بانک می‌تواند به شما کمک کند. به خاطر داشته باشید که کار کردن همزمان با چند مشاور وام مسکن (مورگیج بروکر) نه تنها ممکن است ناکارآمد باشد، بلکه

---

1. Licensed Mortgage Brokers
2. Banks' Mortgage Specialists

می‌تواند زیان‌آور نیز واقع شود. این رویکرد، به‌ویژه در ارتباطاتی که بر پایه اعتماد و شفافیت استوار است، می‌تواند نتایج معکوسی داشته باشد.

کار با چندین بروکر به‌طور همزمان می‌تواند به تداخل اطلاعات و سردرگمی منجر شود. هر بروکر ممکن است رویکردها و استراتژی‌های متفاوتی را پیشنهاد دهد و این امر می‌تواند در ارائه اطلاعات یکپارچه و دقیق به بانک‌ها و مؤسسات وام‌دهنده اختلال ایجاد کند. علاوه بر این، وقتی بانک‌ها متوجه شوند که شما با چندین بروکر کار می‌کنید، ممکن است این را نشانه‌ای از عدم تعهد یا جدیت تلقی کنند؛ موضوعی که می‌تواند بر تصمیم آن‌ها برای اعطای وام تأثیر منفی بگذارد، چرا که فرآیند بررسی وام برای بانک‌ها زمان‌بر و پرهزینه است.

داشتن تعهد متقابل بین شما و یک بروکر وام مسکن اهمیت زیادی دارد. این تعهد به این معناست که شما به بروکر خود اعتماد دارید تا بهترین شرایط ممکن را برایتان فراهم آورد و در مقابل، بروکر نیز تمام تلاش خود را برای دستیابی به این هدف انجام می‌دهد. این رابطه مبتنی بر اعتماد، امکان ارتباطی مستقیم و شفاف را فراهم می‌آورد و باعث می‌شود مشاور شما به‌جای رقابت با دیگر همکاران، تمرکز خود را بر ارائه بهترین بسته مالی به شما بگذارد.

در صورتی که بروکر نتواند در مدت‌زمان معقولی به نتیجه مورد نظر برسد، آنگاه منطقی است که به سراغ بروکر دیگری بروید. این رویکرد نه‌تنها احترام متقابل میان شما و بروکر قبلی را حفظ می‌کند، بلکه به شما امکان می‌دهد تا روند دریافت وام را با دقت و تمرکز بیشتری دنبال کنید، از بروز اشتباهات جلوگیری نمایید و از هرگونه سردرگمی یا بی‌اعتمادی از سوی بانک‌ها و مؤسسات وام‌دهنده دوری کنید.

انواع وام دهنده‌ها در کانادا

بانک‌ها و مؤسسات مالی سنتی می‌باشد که نه تنها وام‌های مسکن بلکه طیف وسیعی از خدمات بانکی دیگر را نیز ارائه می‌دهند. این بانک‌های بزرگ، با شعبه‌های فراوانی که در دسترس قرار دارند، برای بسیاری از مردم گزینه‌ای آشنا و قابل اعتماد به نظر می‌رسند. با این حال، موسسات دیگری نیز وجود دارند که تخصص خود را فقط بر روی ارائه وام‌های مسکن با کیفیت و تنوع بالا متمرکز کرده‌اند. این وام‌دهندگان، اغلب بدون داشتن شعبه‌های فیزیکی، از طریق کارگزاران مستقل وام مسکن یا همان مورگیج بروکرها، در دسترس هستند و به طور عام به عنوان وام‌دهندگان مونولاین[1] شناخته می‌شوند.

---

1. Monoline

بانک‌ها و بخشی از این وام‌دهندگان، معروف به "**وام‌دهندگان رده A**"، بهترین شرایط و نرخ‌های بهره را به افراد با اعتبار و شرایط مالی مستحکم ارائه می‌دهند. با این حال، درک این موضوع مهم است که همه کس قادر به بهره‌مندی از این گزینه‌ها نیستند. افرادی با سابقه اعتباری ضعیف یا درآمدهای ناپایدار ممکن است مجبور به بررسی گزینه‌های دیگری باشند. در این شرایط، "**وام‌دهندگان رده B**" می‌توانند یک جایگزین مناسب باشند. این دسته از وام‌دهندگان، هرچند که نرخ بهره‌های بالاتری نسبت به وام‌دهندگان رده A دارند، اما انعطاف‌پذیری بیشتری در شرایط وام ارائه می‌دهند.

برای افرادی که امکان دریافت وام از دو گروه فوق را ندارند، "**وام‌دهندگان رده C**" به عنوان آخرین راهکار پیش روی آنها قرار دارد. این گروه، به افرادی با اعتبار پایین‌تر یا درآمد کم، وام‌هایی با نرخ بهره‌های بالاتر اعطا می‌کند. هرچند این گزینه ممکن است هزینه‌بر باشد، اما می‌تواند در شرایط خاص، راهی برای دستیابی به تأمین مالی مورد نیاز باشد.

گاهی اوقات، متقاضیان ممکن است تصمیم بگیرند برای چند سال از وام‌دهندگان رده B یا C استفاده کنند و پس از بهبود وضعیت مالی خود، وام خود را به یکی از وام‌دهندگان رده A منتقل کنند، این استراتژی می‌تواند به آنها این امکان را بدهد که از شرایط مالی بهتری بهره‌مند شوند. تنوع وام‌دهندگان در بازار، همراه با محصولات و خدمات متنوع آنها، گواهی بر انعطاف‌پذیری و گستردگی گزینه‌های تامین مالی ملکی است. این تنوع امکان می‌دهد افرادی با شرایط مالی و سطوح ریسک مختلف، بتوانند انتخاب‌ها و استراتژی‌های مالی را مطابق با نیازهای خاص خود شکل دهند. در ادامه به توضیح بیشتر در مورد هر کدام از این دسته‌ها می‌پردازیم:

۱. موسسات وام درجه یک (وام‌دهندگان رده A)[1]

این گروه از موسسات مالی شامل بانک‌های بزرگ[2]، موسسات مالی اعتباری[3] و بخشی از مونولاین ها که پیشتر توضیح داده شد می‌شود. مشتریانی که توانایی دریافت وام از این نوع موسسات را دارند، معمولاً دارای سابقه اعتباری قوی و درآمد پایدار و مناسبی هستند، که این امر آنها را به گزینه‌های ایده‌آل برای دریافت وام‌هایی با شرایط مطلوب تبدیل می‌کند. این موسسات به دلیل ریسک پایین وام‌هایی که ارائه می‌دهند، معمولاً نرخ بهره‌های پایین‌تری نسبت به سایر

1. A-Lenders
2. Banks
3. Credit Unions

دسته‌های وام‌دهندگان اعمال می‌کنند. از مزیت‌های این دسته از وام دهنده‌ها وجود برنامه‌های وامی متنوع برای اقشار و گروه‌های مختلف هست که گرفتن وام برای این گروه را تسهیل می‌بخشد مانند وام مسکن برای تازه واردین و یا وام مسکن برای پزشکان تازه کار و دیگر برنامه‌هایی که تعدادی از آنها در بخش برنامه‌ها و امکانات ویژه وام مسکن توضیح داد شده است.

۲. موسسات وام درجه دو (وام دهندگان رده B)[1]

موسسات مالی که به عنوان وام‌دهندگان رده B شناخته می‌شوند، خدماتی ارزشمند را برای افرادی ارائه می‌دهند که ممکن است به دلیل شرایط مالی نامطلوب یا سابقه اعتباری ضعیف‌تر، توانایی کمتری در دسترسی به تسهیلات مالی از طریق بانک‌های سنتی یا وام‌دهندگان رده A داشته باشند. نرخ بهره این وام‌دهندگان حدوداً ۱درصد بالاتر از وام گروه A می باشد، اما در مقایسه با انعطاف‌پذیری و دسترسی آسان‌تر به وام، همچنان گزینه‌ای مناسب محسوب می‌شوند و راه حل‌های مالی ارزشمندی را به متقاضیان ارائه می‌دهند.

برای افراد خویش‌فرما که در دو سال گذشته درآمد شخصی کافی برای اخذ وام از بانک‌ها را نداشته‌اند، این وام‌دهندگان فرصتی بی‌نظیر فراهم می‌آورند تا با ارائه صورت‌حساب‌های بانکی بیزینس خود بر اساس درآمد کسب و کار خود، به وام مسکن دست یابند. این رویکرد، با وجود داشتن نرخ بهره بالاتر، در برخی مواقع مقرون به صرفه‌تر از گزینه بانکهای سنتی است. این صرفه‌جویی به خصوص زمانی معنادار می‌شود که در نظر بگیریم برای اخذ وام از بانک‌های سنتی، متقاضیان ممکن است نیاز به افزایش درآمد شخصی خود از طریق کسب‌وکارشان برای دو سال داشته باشند و مالیات قابل توجهی را بر این افزایش درآمد پرداخت کنند. گاهی اوقات، مالیات پرداختی بر این درآمد اضافی در طی دو سال، می‌تواند بیشتر از مجموع بهره‌ای باشد که بر وام دریافتی از وام دهندگان رده B پرداخت می‌شود. علاوه بر این، اگر ملک به عنوان سرمایه‌گذاری خریداری شود و بهره وام به عنوان هزینه قابل کسر مالیاتی محسوب گردد، این تفاوت در نرخ بهره می‌تواند حتی کمتر از آنچه در ابتدا به نظر می‌رسد باشد.

این وام‌ها برای افرادی که به دنبال مبلغ وام بیشتری نسبت به آنچه بانک‌های سنتی

1. B-Lenders

ارائه می‌دهند هستند، ایده‌آل است. وام‌دهندگان رده B، با در نظر گرفتن مقدار بیشتری از درآمد متقاضی یا اجاره‌های احتمالی ملک، امکان دریافت وام‌های بزرگ‌تری را فراهم می‌کنند. همچنین، افرادی که سابقه اعتباری قوی ندارند و نمی‌توانند حداقل امتیاز اعتباری لازم برای وام‌های بانکی را بدست آورند، می‌توانند از این گزینه بهره ببرند.

مهم است بدانید که این نوع وام‌ها معمولاً هزینه‌های اولیه‌ای در حدود ۱ تا ۲درصد دارند، که باید هنگام بررسی شرایط وام در نظر گرفته شود.

۳. موسسات وام درجه سه (وام دهنده‌گان رده C)[1]

وام‌دهندگان درجه سه، شامل وام‌دهندگان شخصی و نهادهای مالی تخصصی مانند شرکت‌های سرمایه‌گذاری مسکن (MIC[2])، گزینه‌های وامی انعطاف‌پذیری را برای شرایط خاص ارائه می‌دهند. در کانادا، MICها به‌عنوان مؤسساتی طراحی شده‌اند که هدف اصلی آن‌ها ارائه وام به افراد و شرکت‌ها با بازپرداخت بهره است. این شرکت‌ها سرمایه خود را فقط در وام‌های مسکن سرمایه‌گذاری کرده و منابع مالی خود را از طریق جذب سرمایه از سرمایه‌گذاران، اعم از فروش سهام یا اوراق قرضه، تأمین می‌کنند. نرخ بهره وام‌های گروه سه معمولاً بالاتر از وام‌های گروه یک و دو است، زیرا دریافت وام از این گروه سریع‌تر و آسان‌تر از دو گروه دیگر است و معمولاً در شرایط خاصی استفاده می‌شود که امکان دریافت وام از دیگر وام‌دهندگان وجود ندارد. این انعطاف‌پذیری وامهای گروه سه ها را به گزینه‌ای جذاب برای وام‌گیرندگانی که با محدودیت‌های خاص روبه‌رو هستند تبدیل می‌کند، اما به همین دلیل، ریسک بالاتری نیز برای وام‌دهنده وجود دارد که این ریسک با نرخ بهره بالاتر جبران می‌شود.

در اینجا برخی از موقعیت‌هایی را که استفاده از وام‌های خصوصی مسکن ممکن است مناسب باشد را بررسی خواهیم کرد:

- **سابقه اعتباری بسیار ضعیف:** افرادی که با امتیاز اعتباری پایین یا مشکلات اعتباری گذشته نمی‌توانند از وام‌دهندگان رده A یا B بهره گیرند ولی در مسیر ترمیم اعتبارشان قرار دارند.

1. C-Lenders
2. MIC: Mortgage Investment Corporation

- **درآمد ناپایدار یا نامعتبر:** برای افرادی که امکان اثبات درآمد با مدارک رسمی را ندارند.

- **وام‌های سریع:** در شرایطی که متقاضی احتیاج فوری به پول وام دارد. گرفتن این وام‌ها می‌تواند خیلی سریع‌تر در مقایسه با وام بانک‌ها انجام شود.

- **سرمایه‌گذاری‌های کوتاه مدت:** در مواردی که سرمایه به‌صورت فوری و برای مدت زمان محدودی مورد نیاز است، این نوع وام‌ها گزینه مناسبی هستند. یکی از مزایای این وام‌ها آن است که به‌صورت کاملاً باز ارائه می‌شوند؛ به این معنا که وام‌گیرنده می‌تواند در هر زمان، بدون پرداخت جریمه، وام را تسویه کند. همچنین، در طول مدت وام، امکان پرداخت صرفاً بهره وجود دارد و اصل وام می‌تواند به‌صورت یکجا در پایان بازپرداخت شود.

- **وام‌های ساخت‌وساز:** بسیاری از سازندگان نوپا نمی‌توانند برای پروژه‌های ساخت‌وساز خود از مؤسسات بزرگ وام دریافت کنند. یکی دیگر از موارد رایج، زمانی است که سازنده برای پیشبرد پروژه، به انعطاف‌پذیری بیشتری نسبت به شرایط وام‌های ساخت‌وساز ارائه‌شده توسط مؤسسات بزرگ نیاز دارد.

- **بدهی‌های بالا:** افرادی که نسبت بدهی به درآمد بالایی دارند و نمی‌توانند از وام‌دهندگان رده A یا B وام بگیرند.

- **هنگامی که ارزش واقعی ملک بالاتر از قیمت خرید آن است:** وام‌دهندگان رده A یا B معمولاً حداکثر مبلغ وام را بر اساس کمترینِ قیمت خرید یا ارزش کارشناسی‌شده ملک ارائه می‌دهند. در مقابل، در برخی موارد، امکان دارد وام‌دهندگان رده C به جای قیمت خرید، از ارزش **کارشناسی‌شده بالاتر** استفاده کنند. برای مثال، اگر ارزش یک ملک پیش‌خریدشده تا زمان تحویل افزایش چشمگیری داشته باشد و خریدار با مشکل کمبود داون‌پیمنت روبه‌رو باشد، اگر وام بر اساس ارزش بالاتر محاسبه می‌گردد ممکن است مشکل کمبود پیش‌پرداخت را جبران کند.

- **املاکی که واجد شرایط وام مسکن نیستند:** بنابراین، هرچه یک ملک سخت‌تر قابل خرید و فروش باشد، دریافت وام برای آن نیز دشوارتر خواهد بود.

برای مثال، بسیاری از بانک‌ها تمایلی به اعطای وام بر روی زمین‌های خالی ندارند. همچنین، اگر ساختمان یک ملک در شرایطی باشد که قابل استفاده نباشد، گرفتن وام برای آن به‌مراتب دشوارتر خواهد بود.

- **تسویه یا ادغام بدهی:** برای جایگزینی وام‌های بدون پشتوانه با نرخ بهره بالا، می‌توان از یک وام با پشتوانه ملکی و نرخ بهره پایین‌تر استفاده کرد. این کار معمولاً با هدف ادغام بدهی‌ها انجام می‌شود.

- **وام دوم مسکن[1]:** وام دوم مسکن، وامی است که بر اساس ارزش ملک منهای مقدار وام موجود ارائه می‌شود و از نظر قانونی در اولویت بازپرداخت، پس از وام اصلی یا اولین وام مسکن قرار دارد. یعنی اگر وام‌گیرنده قادر به پرداخت اقساط نباشد و وام‌دهنده با اجازه دادگاه خانه را به فروش برساند[2]، ابتدا وام اول به طور کامل تسویه می‌شود و سپس در صورت باقی‌ماندن پول، همه یا بخشی از وام دوم پرداخت می‌شود.

برای مثال، فرض کنید خانه‌ای به ارزش یک میلیون دلار دارید که در حال حاضر یک وام اول به مبلغ ۵۰۰ هزار دلار بر روی آن قرار دارد. حال اگر به پول نیاز داشته باشید، می‌توانید از طریق دریافت یک وام دوم به پشتوانه‌ی خانه اقدام کنید. معمولاً مجموع وام اول و دوم می‌تواند تا حدود ۷۵ الی ۸۰ درصد ارزش ملک باشد. بنابراین شما می‌توانید چیزی در حدود ۲۵۰ الی ۳۰۰ هزار دلار دیگر از این خانه تأمین کنید. با این حال، در صورتی که وام‌ها بازپرداخت نشوند و خانه به فروش گذاشته شود، ابتدا وام اول (۵۰۰ هزار دلار) تسویه می‌گردد و مابقی مبلغ حاصل از فروش به وام‌دهنده‌ی دوم تعلق خواهد گرفت. از آنجا که وام دوم مسکن در اولویت پرداخت بعد از وام اولیه قرار دارد، ریسک بیشتری برای وام‌دهنده دارد و به همین دلیل نرخ بهره آن معمولاً بالاتر است. افراد معمولاً از وام دوم مسکن برای اهدافی مانند بازسازی منزل، پرداخت بدهی‌های دیگر با نرخ بهره بالا، هزینه‌های درمانی، آموزشی یا سایر هزینه‌های ضروری استفاده می‌کنند. به دلیل نرخ بهره بالاتر، وام دوم معمولاً به عنوان گزینه‌ای موقتی و کوتاه‌مدت در نظر گرفته می‌شود.

---

1. Second Mortgage
2. Foreclosure

نرخ بهره‌ای که وام‌دهندگان رده C ارائه می‌دهند، تابعی از سطح ریسک وام است؛ این ریسک می‌تواند براساس عواملی مانند نسبت مقدار کل وام به ارزش ملک (LTV) و همچنین اولیه یا ثانویه بودن وام تعیین شود. تمام هزینه‌های مرتبط با وام‌های رده C، از جمله کارمزد وکیل وام‌دهنده و وام‌گیرنده، معمولاً بر عهده وام‌گیرنده قرار دارد. هزینه اولیه دریافت وام از این وام‌دهندگان معمولاً بین ۲ درصد تا ۴ درصد متغیر است. این هزینه‌ها باید در هنگام برنامه‌ریزی مالی برای وام لحاظ شوند تا اطمینان حاصل شود وام‌گیرنده توانایی پوشش هزینه‌ها و مدیریت بازپرداخت‌های وام را دارد.

در نهایت، این شرایط و هزینه‌ها اهمیت ارزیابی دقیق وضعیت وام و مقایسه گزینه‌های مختلف وام‌دهی را پیش از اتخاذ تصمیم نهایی برجسته می‌کند. این رویکرد به وام‌گیرندگان کمک می‌کند تا تصمیمات مالی آگاهانه‌ای بگیرند که بهترین تطابق را با نیازها و شرایط مالی‌شان دارد. همچنین، همیشه پیش از دریافت وام خصوصی، مشورت با یک مشاور مالی یا کارشناس وام اهمیت فراوانی دارد تا از مزایا و ریسک‌های مرتبط با وام خصوصی به خوبی آگاه شوید.

انواع وام مسکن

در جهان پیچیده وام‌های مسکن، تنوع گسترده‌ای از ویژگی‌ها، گزینه‌ها و شرایط ویژه وجود دارد. پس از خواندن این بخش از کتاب و آشنایی با دسته‌بندی‌های متفاوت وام مسکن، متوجه خواهید شد که دنیای وام‌ها بسیار گسترده است و مقایسه آنها نه تنها دشوار بلکه گاهی اوقات نادرست می باشد. در تجربیات مشاوره‌ای خود بارها شاهد بوده‌ام که مشتریان درخواست وامی با شرایط مشابه با دوستانی خود که اخیراً وام دریافت کرده‌اند را دارند، بدون آنکه از جزئیات و شرایط آن وام آگاهی داشته باشند. از جمله تفاوت‌های کلیدی که در وام‌های مسکن مشاهده می‌شود، می‌توان به موارد زیر اشاره کرد:

زمان بازپرداخت و مدت قرارداد

در کانادا، تفاوت میان «دوره بازپرداخت کامل وام» و «مدت زمان قرارداد وام» برای بسیاری از افراد می‌تواند گیج‌کننده باشد؛ چرا که در اغلب نقاط دیگر جهان، این دو مدت زمان معمولاً یکسان هستند. اما در کانادا، این دو مفهوم به‌طور مشخص تعریف شده‌اند تا انعطاف‌پذیری و امنیت بیشتری را برای هر دو طرف معامله، یعنی وام‌گیرنده و وام‌دهنده، فراهم آورند.

- **دوره بازپرداخت[1]:** منظور از دوره بازپرداخت، کل زمانی است که طول می‌کشد تا یک وام مسکن از طریق پرداخت‌های منظم، به‌طور کامل بازپرداخت شود. در کانادا، دوره بازپرداخت اغلب وام‌های مسکن ۲۵ یا ۳۰ سال است. هرچقدر دوره بازپرداخت طولانی‌تر باشد (مثلاً ۳۰ یا ۳۵ سال)، مبلغ اقساط ماهانه کاهش می‌یابد، اما در نهایت بهره بیشتری پرداخت خواهید کرد. در مقابل، دوره‌های بازپرداخت کوتاه‌تر (مثلاً ۱۵ یا ۲۰ سال)، اقساط ماهانه بالاتری دارند ولی مجموع بهره پرداختی در طول دوره کمتر خواهد بود. این دوره از ابتدای وام تا زمان تسویه کامل بدهی ادامه دارد، مگر اینکه شما وام خود را زودتر پرداخت کنید. برنامه‌ریزی اقساط نیز بر اساس این دوره انجام می‌شود. در سال‌های اولیه، سهم بیشتری از هر قسط به پرداخت بهره اختصاص دارد و سهم کمتری از آن صرف کاهش اصل وام می‌شود؛ اما با گذشت زمان و کاهش مانده وام، نسبت بیشتری از پرداخت‌ها به اصل وام اختصاص می‌یابد.

---

1. Amortization

انتخاب دوره بازپرداخت تأثیر مستقیمی بر مجموع هزینه وام و بودجه ماهانه شما دارد. برای مثال، اگر توانایی پرداخت اقساط بالاتری دارید و می‌خواهید هزینه بهره را کاهش دهید، انتخاب دوره‌ای کوتاه‌تر منطقی‌تر است.

- **مدت قرارداد¹:** مدت قرارداد به بازه‌ای گفته می‌شود که شرایط وام، از جمله نرخ بهره، در آن ثابت است. در کانادا، مدت قرارداد معمولاً بین ۶ ماه تا ۱۰ سال متغیر است، با این حال دوره‌های ۱ تا ۵ سال رایج‌ترین انتخاب‌ها هستند. در پایان مدت قرارداد، وام‌گیرنده باید یا کل مبلغ باقی‌مانده وام را تسویه کند یا قرارداد را با شرایط جدید (اعم از نرخ بهره و نوع وام) تمدید نماید.

برای درک بهتر روند تمدید وام مسکن، مثالی ساده ارائه می‌شود:

فرض کنید برای خرید خانه‌ای، وامی با دوره بازپرداخت ۲۵ ساله دریافت کرده‌اید و در آغاز، یک قرارداد ۵ ساله با نرخ بهره متغیر² بسته‌اید. یعنی نرخ بهره شما ممکن است طی این ۵ سال بر اساس نوسانات بازار تغییر کند، اما چارچوب کلی قرارداد مشخص است.

اکنون، پس از پایان ۵ سال نخست، شما به انتهای اولین دوره قراردادی خود رسیده‌اید، در حالی‌که هنوز ۲۰ سال از بازپرداخت باقی مانده است. در این مرحله، باید وام را تمدید کنید. این تمدید ممکن است با تغییراتی همراه باشد؛ برای مثال، ممکن است تصمیم بگیرید وام خود را به نرخ بهره ثابت³ تغییر دهید یا مدت قرارداد بعدی را ۳ سال تعیین کنید.

به‌طور معمول، در زمان تمدید، بانک‌ها نیازی به بررسی مجدد مدارک مالی شما ندارند. یعنی اگر طی ۵ سال گذشته اقساط خود را به‌موقع پرداخت کرده باشید و حساب شما مشکلی نداشته باشد، نیازی به ارائه دوباره مدارک درآمد یا ارزیابی اعتبار نخواهد بود. بررسی کامل شرایط مالی معمولاً تنها در زمان اولین دریافت وام انجام می‌شود. پس از آن، در صورت عادی بودن شرایط، تمدید وام به فرآیندی ساده و بدون دردسر تبدیل می‌شود. تنها نرخ بهره، نوع و مدت قرارداد ممکن است بسته به شرایط جدید و ترجیح شما تغییر کند.

---

1. Term
2. Variable Rate
3. Fixed Rate

تفاوت بین دوره بازپرداخت و مدت قرارداد:

در سیستم وام مسکن کانادا، تفاوت بین دوره بازپرداخت و مدت قرارداد به‌گونه‌ای طراحی شده است که تعادل و انعطاف‌پذیری بیشتری را برای هر دو طرف، یعنی وام‌گیرنده و وام‌دهنده، فراهم کند. این ساختار نه‌تنها به وام‌گیرندگان اجازه می‌دهد تا شرایط مالی خود را با تغییرات بازار و وضعیت اقتصادی تطبیق دهند، بلکه به وام‌دهندگان نیز این اطمینان را می‌دهد که شرایط قرارداد در بازه‌های کوتاه‌مدت مورد بازبینی و به‌روزرسانی قرار می‌گیرد.

این رویکرد، به‌ویژه در بازاری که نرخ بهره و شرایط اقتصادی ممکن است به سرعت تغییر کند، بسیار ارزشمند است. در نهایت، هدف این ساختار، ایجاد امنیت مالی برای وام‌دهندگان و انعطاف‌پذیری برای وام‌گیرندگان است تا هر دو طرف بتوانند تصمیماتی متناسب با شرایط روز اتخاذ کنند.

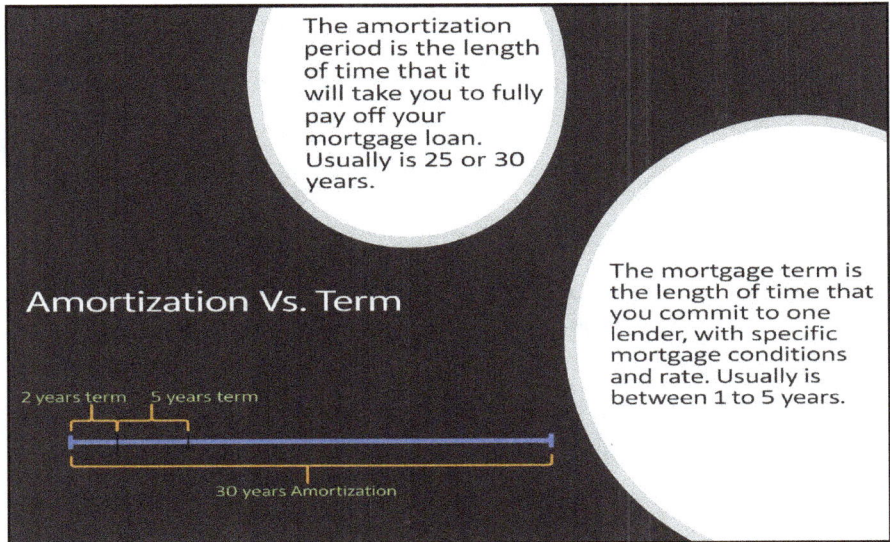

The amortization period is the length of time that it will take you to fully pay off your mortgage loan. Usually is 25 or 30 years.

Amortization Vs. Term

The mortgage term is the length of time that you commit to one lender, with specific mortgage conditions and rate. Usually is between 1 to 5 years.

2 years term   5 years term

30 years Amortization

نوع بهره وام:

در سیستم مالی کانادا، سه نرخ بهره متغیر کلیدی وجود دارد که نقش مهمی در تعیین هزینه‌های وام‌گیری و نرخ بهره‌ها ایفا می‌کنند: نرخ شبانه، نرخ پایه بانکی و نرخ وام مسکن. اطلاع از تفاوت‌های انواع نرخ بهره برای درک درست از وام و سیستم بانکی ضروری است.

نرخ شبانه[1] که توسط بانک مرکزی کانادا تعیین می‌شود، نرخی است که بانک‌ها با استفاده از آن به یکدیگر برای یک شب پول قرض می‌دهند. این نرخ به‌عنوان یکی از ابزارهای اصلی سیاست‌های اقتصادی و پولی کشور عمل می‌کند و بانک مرکزی با تغییر آن، در اصل سعی دارد بر تعیین ارزش پول کشور و در نهایت، وضعیت کلی اقتصاد تأثیر بگذارد. این نرخ عموماً در هشت نوبت در سال، بر اساس داده‌های اقتصادی و سیاست‌های مالی و پولی کشور، از طرف بانک مرکزی کانادا تعیین و اعلام می‌شود.

نرخ پایه بانکی[۲]، نرخی است که توسط بانک‌های تجاری اصلی مانند RBC، TD، CIBC و دیگر مؤسسات مالی تعیین می‌شود. این نرخ معمولاً متأثر از نرخ شبانه است و به‌عنوان پایه‌ای برای محاسبه نرخ بهره در وام‌ها و محصولات اعتباری مختلف مانند خط اعتباری[۳] و وام‌های مسکن متغیر استفاده می‌شود. لازم به ذکر است که نرخ پایه بانکی می‌تواند در بانک‌های مختلف کمی متفاوت باشد، زیرا هر بانک ممکن است بر اساس سیاست‌های داخلی خود، این نرخ را تنظیم کند؛ اگرچه در عمل معمولاً یکسان یا بسیار نزدیک به یکدیگر هستند.

نرخ وام مسکن[۴] نرخی است که بانک یا مؤسسه مالی برای اعطای وام مسکن به مشتریان پیشنهاد می‌دهد. این نرخ می‌تواند ثابت (Fixed) و یا متغیر (Variable) باشد. نرخ‌های متغیر معمولاً براساس Prime Rate بانک تعیین می شوند.

برای مثال ممکن است نرخ وام مسکن به صورت پرایم منهای ۰/۵ درصد یا پرایم بعلاوه ۰/۵ درصد ارائه شود. اما نرخ‌های ثابت برخلاف نرخ‌های متغیر، بر اساس وضعیت بازار سرمایه[5] و و نرخ بازده اوراق قرضه[۶] تعیین می‌شوند، نه براساس Prime Rate .

---

1. Overnight Rate
2. Prime Rate
3. Line of Credit
4. Mortgage Rate
5. Bond Market
6. Bond Yield

آشنایی با تفاوت های این نرخ ها برای افرادی که قصد دریافت وام، به ویژه وام مسکن دارند، اهمیت بسیاری دارد. درک درست از نحوه تعیین و تأثیرگذاری این نرخ ها می تواند به شما کمک کند تا تصمیمات مالی دقیق تر و آگاهانه تری بگیرید.

a) وام‌های با نرخ ثابت[1]

نرخ بهره طی مدت زمان معینی تغییر نمی‌کند. این امر به وام‌گیرنده امنیت مالی می‌دهد که اقساط وام تغییر نخواهند کرد.

b) وام‌های با نرخ متغیر[2]

نرخ بهره ممکن است بر اساس نرخ پایه بانک مرکزی تغییر کند. البته وام‌های با نرخ متغیر خود می‌تواند پرداخت های ثابت و یا متغیر داشته باشند که در ادامه در بخش ساختار پرداخت توضیح داده خواهد شده.

c) وام‌های مسکن با نرخ ترکیبی[3]

برخی از وام‌های مسکن ترکیبی از ویژگی‌های دو نوع وام هستند. برای مثال، ممکن است یک وام مسکن از دو بخش تشکیل شده باشد که یک بخش آن با نرخ ثابت و بخش دیگر با نرخ متغیر محاسبه شود، یا هر بخش دارای مدت قرارداد متفاوتی باشد. این ساختار، بسته به محصول ارائه‌شده توسط بانک، می‌تواند تعادلی میان ثبات نرخ بهره و انعطاف‌پذیری ایجاد کند.

یک نکته مهم که باید در زمان انتخاب بین نرخ ثابت و متغیر در نظر بگیرید جریمه شکستن وام قبل از اتمام دوره قرارداد است. همانطوری که توضیح داده شد وقتی شما یک وام مسکن در کانادا می‌گیرید، برای یک مدت مشخص یا همان «Term» بسته می‌شود، مثلاً برای پنج سال.

اگر پیش از پایان این دوره تصمیم بگیرید وامتان را بازپرداخت کامل کنید، یا به بانک دیگری منتقل نمایید، ممکن است بانک بابت این اقدام از شما جریمه[4] دریافت کند. دلیل این جریمه آن است که بانک از قبل انتظار داشته برای مدت معینی سود دریافت کند، و با پایان زودتر از موعد قرارداد، به آن سود دست نمی‌یابد.

---

1. Fixed Rate
2. VRM or ARM
3. Hybrid-Rate Mortgages
4. Penalty

نحوه محاسبه جریمه بستگی به نوع وام شما دارد؛ اگر وام‌تان با نرخ متغیر باشد، جریمه معمولاً برابر با سه ماه بهره مقدار باقیمانده از وام است. یعنی بانک محاسبه می‌کند اگر شما وامتان را نگه می‌داشتید، در سه ماه آینده چقدر سود می‌دادید و همان مقدار را از شما به‌عنوان جریمه دریافت می‌کند.

اما اگر وامتان نرخ ثابت داشته باشد، جریمه یا بر اساس سه ماه بهره محاسبه می‌شود، و یا بر اساس فرمولی به نام «تفاوت نرخ بهره[1]»، هر کدام که بیشتر باشد. IRD به این صورت محاسبه می‌شود که بانک بررسی می‌کند چقدر سود از شما دریافت می‌کرد اگر وام تا پایان ترم باقی می‌ماند، و سپس آن را با سودی که با نرخ فعلی بازار برای مدت باقی‌مانده دریافت می‌کرد مقایسه می‌کند. تفاوت این دو عدد، جریمه‌ای است که از شما دریافت می‌شود. برای مثال، اگر نرخ وام شما ۵ درصد باشد و هنوز سه سال از ترم باقی مانده باشد، و بانک اکنون نرخ سه‌ساله جدید را ۳ درصد اعلام کند، تفاوت نرخ ۲ درصد خواهد بود که برای مدت سه سال روی مبلغ باقی‌مانده محاسبه می‌شود.

نکته مهم این است که روش محاسبه IRD ممکن است بین بانک‌ها متفاوت باشد، و برخی از آن‌ها از نرخ‌های تخفیف‌خورده استفاده می‌کنند که می‌تواند جریمه را افزایش دهد. به همین دلیل بسیاری از متقاضیانی که احتمال فروش خانه را قبل از اتمام دوره وام میدهند، نرخ متغیر را انتخاب میکنند. توصیه می‌شود پیش از هر تصمیم برای بستن زودهنگام وام، حتماً یک برآورد دقیق و کتبی از میزان جریمه از بانک خود دریافت کنید تا بتوانید با آگاهی تصمیم‌گیری نمایید.

ساختار اقساط:

در حوزه وام‌های مسکن، گزینه‌های متعددی برای ساختار پرداخت وجود دارد که هر یک با توجه به شرایط مالی و نیازهای خاص وام‌گیرندگان، مزایا و چالش‌های منحصر به فردی ارائه می‌کنند. انتخاب روش پرداخت مناسب نه‌تنها بر میزان اقساط ماهانه، بلکه بر کل هزینه وام و مدت زمان بازپرداخت تأثیرگذار است. بنابراین، آگاهی از تفاوت‌های اساسی بین ساختارهای مختلف پرداخت وام مسکن اهمیت ویژه‌ای دارد. ساختارهای پرداخت وام مسکن عبارتند از:

> **a) وام‌های با پرداخت‌های ثابت[2]:** پرداخت‌های این وام‌ها معمولاً ثابت هستند، حتی اگر نرخ بهره وام متغیر باشد. وام‌های با نرخ بهره متغیر و پرداخت‌های ثابت، که به اختصار VRM نامیده می‌شوند، از این ویژگی برخوردارند.

1. IRD: Interest Rate Differential
2. Variable Rate Mortgage

پرداخت‌های VRM تا زمانی افزایش نمی‌یابد که بتوانند هزینه بهره وام را پوشش دهند. اما اگر نرخ بهره به حدی افزایش یابد که بهره بیش از مبلغ پرداختی شود، بانک یا پرداخت‌ها را افزایش می‌دهد یا از وام‌گیرنده می‌خواهد بخشی از اصل وام را تسویه کند؛ این نقطه را «Trigger Point» می‌نامند. همچنین، ثابت ماندن پرداخت‌ها در حالی که نرخ بهره تغییر می‌کند، باعث تغییر مدت زمان بازپرداخت و مانده وام می‌شود. چرا که هنگام تمدید قرارداد، مدت بازپرداخت باید به برنامه اصلی بازگردد و ممکن است در قرارداد جدید تغییر قابل توجهی در مبلغ اقساط ماهانه رخ دهد.

b) وام با پرداخت‌های متغیر[1]: این نوع وام‌ها که به اختصار ARM شناخته می‌شوند، دارای نرخ بهره متغیر هستند و مبلغ اقساط همراه با افزایش یا کاهش نرخ بهره تغییر می‌کند.

c) وام‌هایی با پرداخت فقط بهره[2]: در این وام‌ها، پرداخت‌ها صرفاً شامل بهره وام می‌شود و اصل وام یا در پایان دوره بازپرداخت می‌شود یا در صورت امکان، به انتخاب وام‌گیرنده می‌تواند به صورت قسطی و در هر زمان تسویه گردد. این نوع ساختار پرداخت معمولاً در وام‌های رده (C-Lenders) بیشتر دیده می‌شود.

d) وام‌های بدون پرداخت ماهانه[3]: در این حالت، وام‌گیرنده هیچ پرداخت ماهانه‌ای ندارد و بدهی شامل اصل و بهره به تدریج افزایش می‌یابد. در نهایت، در زمان توافق‌شده، یا با فروش ملک توسط مالک یا در صورت فوت مالک، اصل و بهره وام تسویه می‌شود. این ساختار معمولاً در وام‌های مخصوص افراد مسن کاربرد دارد که در بخش‌های بعدی توضیح داده خواهد شد.

انتخاب ساختار پرداخت مناسب برای وام مسکن می‌تواند بر جنبه‌های مختلف مالی زندگی وام‌گیرنده تأثیر عمیقی بگذارد، اما بیشتر به نوع وام و سیاست‌های وام‌دهنده بستگی دارد. این انتخاب باید با در نظر گرفتن دقیق اهداف مالی شخصی و توانایی مدیریت ریسک صورت گیرد. در نهایت، دانش و آگاهی نسبت به گزینه‌های موجود، کلید اتخاذ تصمیمات هوشمندانه در این زمینه است.

---

1. Adjustable Rate Mortgage
2. Interest Only Mortgage
3. No Payment Mortgage

بیمه بودن یا نبودن وام مسکن:

a) مورگیج بیمه‌شده[1]: این نوع مورگیج معمولاً زمانی مورد استفاده قرار می‌گیرد که وام‌گیرنده قادر به پرداخت حداقل مبلغ پیش‌پرداخت مورد نیاز (معمولاً ۲۰ درصد از قیمت ملک) نباشد. به‌منظور کاهش ریسک برای بانک، وام‌گیرنده موظف است با هزینه‌ی خود، وام مسکن را نزد یکی از شرکت‌های بیمه‌گر، بیمه کند. این بیمه به بانک اطمینان می‌دهد که در صورت ناتوانی وام‌گیرنده در بازپرداخت وام، خسارت وارده توسط شرکت بیمه جبران خواهد شد.

در این نوع وام، ملک حتماً باید برای استفاده شخصی خریداری شود و امکان استفاده از آن به‌عنوان سرمایه‌گذاری وجود ندارد. یکی از چالش‌های اصلی این نوع وام‌ها، الزام دریافت تأییدیه از دو نهاد مستقل، یعنی بانک و شرکت بیمه، به‌صورت هم‌زمان است. این موضوع می‌تواند فرآیند دریافت وام را پیچیده‌تر کند، چرا که شرکت‌های بیمه معمولاً معیارها و الزامات سخت‌گیرانه‌تری نسبت به بانک‌ها دارند. در نتیجه، متقاضی ممکن است با محدودیت‌هایی مانند سقف مدت بازپرداخت، درصد درآمد مجاز برای محاسبه وام، و حداکثر قیمت ملک مواجه شود.

در کانادا، سه شرکت اصلی ارائه‌دهنده‌ی بیمه‌ی وام مسکن وجود دارند که شناخته‌شده‌ترین آن‌ها، شرکت CMHC[2] است. این نهاد دولتی وظیفه ارائه‌ی بیمه‌ی وام‌های مسکن را بر عهده دارد. هزینه‌ی بیمه‌ی وام از سوی این شرکت، بسته به عواملی مانند نسبت وام به ارزش ملک (LTV)، نوع ملک، و شرایط خرید، می‌تواند تا ۴/۵درصد از مبلغ وام باشد.

نکته مهم این است که هزینه‌ی بیمه یک‌باره از سوی شرکت بیمه دریافت می‌شود و غیرقابل بازگشت است. برای مثال، اگر خریدار پس از یک سال ملک را بفروشد و وام را تسویه کند، هزینه‌ی بیمه به او بازگردانده نخواهد شد و این هزینه به‌عنوان زیان تلقی می‌شود. بنابراین، آگاهی از میزان این هزینه و لحاظ کردن آن در برنامه‌ریزی مالی پیش از خرید ملک اهمیت بالایی دارد.

---

1. Insured mortgage or High ratio
2. Canada Mortgage and Housing Corporation

هرچند نرخ بهره‌ی اسمی در این نوع وام‌ها معمولاً پایین‌تر از سایر وام‌هاست (زیرا ریسک بانک کاهش می‌یابد)، اما با در نظر گرفتن هزینه‌ی بیمه، ممکن است مجموع هزینه‌ی واقعی این وام برای وام‌گیرنده بالا باشد. به همین دلیل، توصیه می‌شود پیش از تصمیم‌گیری نهایی، با یک مشاور وام مسکن مشورت کرده یا به وب‌سایت رسمی CMHC مراجعه کنید تا اطلاعات به‌روز و دقیق‌تری در این خصوص به دست آورید.

b) مورگیج قابل بیمه شدن[1]: این نوع وام مسکن به متقاضیانی ارائه می‌شود که توانایی پرداخت حداقل ۲۰ درصد یا بیشتر از قیمت خانه را به‌عنوان پیش‌پرداخت دارند. در این حالت، به دلیل بالا بودن سهم پیش‌پرداخت، ریسک بانک کاهش می‌یابد. با این حال، برخی بانک‌ها برای مدیریت بهتر ریسک خود، تصمیم می‌گیرند که وام را بیمه کنند و هزینه‌ی بیمه را شخصاً پرداخت نمایند.

این نوع وام‌ها از نظر شرایط احراز صلاحیت، مشابه وام‌های بیمه‌شده هستند و وام‌گیرنده همچنان باید معیارهای سخت‌گیرانه‌ی شرکت‌های بیمه را رعایت کند. به‌عنوان مثال، حداکثر قیمت خرید خانه در این نوع وام‌ها محدود بوده و باید با مقررات شرکت بیمه هماهنگ باشد.

از مزایای این نوع وام، بهره‌مندی از نرخ بهره‌ی مناسب بدون پرداخت هزینه‌ی بیمه توسط وام‌گیرنده است. درواقع، بیمه‌ی مورگیج به بانک‌ها این اطمینان را می‌دهد که سرمایه‌ی آن‌ها حتی در صورت نکول وام‌گیرنده، در امان خواهد بود.

c) مورگیج سنتی[2]: این نوع مورگیج زمانی ارائه می‌شود که وام‌گیرنده قادر باشد حداقل ۲۰ درصد از قیمت خانه را به‌عنوان پیش‌پرداخت پرداخت کند. از آنجا که پیش‌پرداخت بیشتر، ریسک بانک را کاهش می‌دهد، در این نوع وام نیازی به بیمه‌ی مورگیج وجود ندارد.

در این حالت، طرف حساب اصلی وام‌گیرنده فقط بانک است و امکان استفاده از انواع برنامه‌های وامی که بانک‌ها ارائه می‌دهند بیشتر فراهم می‌شود. گاهی اوقات

1. Insurable Mortgage
2. Conventional Mortgage

نیز بانک‌ها در شرایط خاص، با تساهل بیشتری با متقاضی برخورد کرده و در ارائه وام انعطاف‌پذیری نشان می‌دهند. اگرچه نرخ بهره‌ی اسمی در مورگیج‌های سنتی معمولاً بالاتر از وام‌های بیمه‌شده یا قابل بیمه شدن است، اما مقدار وامی که می‌توان دریافت کرد نیز غالباً بیشتر خواهد بود. به‌علاوه، روند دریافت این وام‌ها ساده‌تر است، چرا که فقط به تأیید بانک نیاز دارند و درگیر مقررات شرکت‌های بیمه نمی‌شوند.

باز یا بسته بودن وام مسکن:

تصور کنید در حال خرید یک خانه جدید هستید و تصمیم به دریافت وام مسکن دارید. یکی از انتخاب‌های کلیدی شما، انتخاب بین دو نوع وام مسکن باز و بسته خواهد بود. اجازه دهید تفاوت‌های اصلی میان این دو نوع وام را بررسی کنیم:

a) وام مسکن باز[1]: فرض کنید وام مسکن باز دریافت کرده‌اید. چند ماه بعد، مبلغ قابل توجهی پول به دستتان می‌رسد، یا تصمیم می‌گیرید پول حاصل از فروش ملک دیگری را برای کاهش بدهی‌های خود استفاده کنید. در این حالت، با داشتن وام باز، می‌توانید بخشی از وام یا کل آن را پیش از موعد و بدون هیچ‌گونه جریمه‌ای بازپرداخت کنید. این نوع وام انعطاف‌پذیری بالایی دارد، اما باید توجه داشت که نرخ بهره وام‌های باز معمولاً بالاتر از وام‌های بسته است؛ چراکه به شما آزادی عمل بیشتری می‌دهد.

b) وام مسکن بسته[2]: حال فرض کنید وام مسکن بسته دریافت کرده‌اید. اگر در طول مدت قرارداد تصمیم بگیرید که وام خود را زودتر از موعد تسویه کنید، با جریمه‌هایی مواجه خواهید شد که ممکن است هزینه کلی وام را به‌طور قابل توجهی افزایش دهد. این جریمه‌ها معمولاً برای جبران سود از دست‌رفته‌ی وام‌دهنده در نظر گرفته می‌شوند. در مقابل، نرخ بهره‌ی این نوع وام معمولاً پایین‌تر از وام‌های باز است؛ زیرا شما متعهد می‌شوید برای مدت زمان مشخصی طبق شرایط تعیین‌شده با وام‌دهنده همکاری کنید.

---

1. Open Mortgage
2. Closed Mortgage

c) وام‌های قابل تبدیل[1]: برخی از وام‌ها ویژگی‌های هر دو نوع را ترکیب می‌کنند. برای مثال، ممکن است وام در یک بازه‌ی زمانی معین مثلاً شش ماه بسته باشد، و پس از آن به وامی باز تبدیل شود. این نوع وام به شما امکان می‌دهد که در کوتاه‌مدت از نرخ بهره‌ی پایین بهره‌مند شوید، و در بلندمدت از انعطاف‌پذیری پرداخت زودهنگام بهره ببرید.

در نهایت، انتخاب بین وام باز، بسته یا ترکیبی به عوامل مختلفی از جمله وضعیت مالی فعلی شما، برنامه‌های آینده، و ترجیح شما در مورد انعطاف‌پذیری یا صرفه‌جویی در هزینه بهره بستگی دارد. مهم است که تمام گزینه‌ها را با دقت بررسی کنید و تصمیمی بگیرید که بیشترین همخوانی را با اهداف مالی‌تان داشته باشد.

امتیاز پیش‌قسط[2]:

در کانادا، امتیاز پیش‌قسط به وام‌گیرندگان این امکان را می‌دهد که بخشی از وام خود را پیش از موعد و بدون پرداخت جریمه بازپرداخت کنند. این قابلیت، به شما اجازه می‌دهد که با انجام پرداخت‌های اضافی، چه از طریق افزایش مبلغ اقساط منظم یا پرداخت یک‌جای مبلغ اضافه، به‌طور موثرتری بدهی خود را کاهش دهید.

بسیاری از بانک‌ها به وام‌گیرندگان اجازه می‌دهند سالانه بین ۱۰ تا ۲۰ درصد از اصل وام را به‌صورت یکجا پرداخت کرده یا مبلغ اقساط منظم را تا دو برابر افزایش دهند. استفاده از این گزینه‌ها می‌تواند مدت زمان بازپرداخت وام و همچنین مجموع بهره پرداختی را به میزان قابل توجهی کاهش دهد.

وام‌هایی که دارای گزینه‌های پیش‌قسط انعطاف‌پذیر هستند، به عنوان وام‌های باکیفیت‌تر و مطلوب‌تر شناخته می‌شوند.

در ادامه، با انواع شیوه‌های پرداخت اقساط وام و تأثیر آن‌ها بر طول مدت بازپرداخت و میزان کل بهره پرداختی آشنا می‌شویم:

---

1. Convertible Mortgage
2. Prepayment Option

انواع اقساط وام مسکن

شیوه پرداخت اقساط وام مسکن می‌تواند تأثیر قابل‌توجهی بر مدت زمان بازپرداخت و میزان بهره پرداختی داشته باشد. به‌طور کلی، پنج نوع روش پرداخت متداول وجود دارد:

a) پرداخت‌های ماهانه[1]: این روش متداول‌ترین نوع پرداخت وام مسکن است که طی آن، اقساط به‌صورت ماهیانه و ۱۲ بار در سال پرداخت می‌شود. ساده و قابل پیش‌بینی است و برای افرادی با درآمد ثابت ماهانه گزینه‌ای رایج به شمار می‌آید.

b) پرداخت‌های دو هفته یک‌بار[2]: در این روش، پرداخت اقساط هر دو هفته یک‌بار انجام می‌شود (۲۶ بار در سال)، که به‌طور مؤثری معادل با یک پرداخت ماهانه اضافی در سال است. این روش باعث می‌شود بدهی سریع‌تر کاهش یابد و برای کسانی که حقوق خود را به‌صورت دو هفته یک‌بار دریافت می‌کنند، گزینه‌ای مناسب است.

c) پرداخت‌های تسریع‌شده دو هفته یک‌بار[3]: در این روش، مبلغ پرداختی ماهانه تقسیم بر دو می‌شود و هر دو هفته یک‌بار پرداخت می‌شود، اما مبلغ هر پرداخت کمی بیشتر از حالت استاندارد دو هفته‌ای است. این افزایش جزئی در پرداخت باعث می‌شود اصل وام سریع‌تر کاهش یابد و در نتیجه، مجموع بهره پرداختی در طول وام کاهش یابد.

d) پرداخت‌های هفتگی[4]: پرداخت اقساط به‌صورت هفتگی و ۵۲ بار در سال انجام می‌شود. این روش، به دلیل دفعات بالای پرداخت، به بازپرداخت سریع‌تر و کاهش هزینه‌های بهره کمک می‌کند، هرچند مبلغ هر قسط کوچک‌تر است.

---

1. Monthly Payments
2. Bi-Weekly Payments
3. Accelerated Bi-Weekly Payments
4. Weekly Payments

e) پرداخت‌های تسریع‌شده هفتگی[1]: در این روش نیز مشابه مدل تسریع‌شده دو هفته‌ای، مبلغ پرداختی هفتگی بیشتر از حالت عادی است. با افزایش اندک مبلغ پرداختی در هر هفته، می‌توانید وام خود را سریع‌تر بازپرداخت کرده و بهره‌ی کمتری در مجموع پرداخت کنید.

Slow to Fast Repayment Options

هر یک از این روش‌های پرداخت ویژگی‌های خاصی دارد که وام گیرنده بنا به شرایط و اهدافش انتخاب می‌کند.

انواع درخواست وام مسکن

در جهان پیچیده اقتصادی امروز، تحقق اهداف و رفع نیازهای مالی، مستلزم بهره‌گیری هوشمندانه و مدیریت کارآمد منابع مالی است. وام‌ها، به‌عنوان یکی از ابزارهای کلیدی در این زمینه، نقشی اساسی در دستیابی به اهداف فردی و خانوادگی ایفا می‌کنند، از خرید خانه برای آرامش و امنیت زندگی گرفته تا سرمایه‌گذاری در املاک برای کسب درآمد.

مدیریت درست و آگاهانه وام‌ها، نه‌تنها به موفقیت مالی فردی کمک می‌کند، بلکه می‌تواند زمینه‌ساز آینده‌ای پایدار و مطمئن باشد. هدف از دریافت وام، تأثیر مستقیمی بر شرایط، نوع و نرخ بهره دارد و مسیر مالی آینده متقاضی را شکل می‌دهد. از این‌رو، شناخت انواع درخواست‌های وام و آگاهی از شرایط و جزئیات هر یک، نخستین گام برای تصمیم‌گیری هوشمندانه و اثربخش است.

---

1. Accelerated Weekly Payments

a) خرید خانه برای سکونت شخصی[1]: خرید مسکن جهت استفاده شخصی در برخی موارد می‌تواند با پیش‌پرداخت کمتر از ۲۰ درصد انجام شود که جزئیات آن در بخش مربوط به وام‌های insured شرح داده شده است. برخلاف تصور رایج، استفاده از پیش‌پرداخت کمتر از ۲۰ درصد فقط به خانه‌اولی‌ها محدود نمی‌شود، و در صورت احراز شرایط، امکان استفاده از آن برای خریدهای بعدی نیز وجود دارد.

b) خرید خانه برای سرمایه‌گذاری و اجاره دادن[2]: وام‌هایی که برای خرید ملک با هدف سرمایه‌گذاری ارائه می‌شوند، معمولاً نرخ بهره بالاتری دارند. اما در برخی موارد، متقاضی می‌تواند وام بیشتری دریافت کند، چراکه بانک اجاره‌ای را که از ملک دریافت خواهد شد نیز در محاسبات درآمد لحاظ می‌کند. حداقل پیش‌پرداخت لازم برای این نوع وام‌ها، ۲۰ درصد است.

تفاوت‌های مالی بین خرید خانه جهت سکونت شخصی و خرید خانه سرمایه‌گذاری:

- امکان خرید خانه برای سکونت شخصی با پیش‌پرداخت کمتر از ۲۰درصد وجود دارد؛ اما برای خرید ملک سرمایه‌گذاری، حداقل ۲۰ درصد پیش‌پرداخت الزامی است.

- در برخی موارد، برای دریافت وام خرید ملک سرمایه‌گذاری، به درآمد کمتری نیاز است؛ زیرا بانک درآمد حاصل از اجاره ملک را نیز در محاسبات توان بازپرداخت در نظر می‌گیرد.

- معمولاً نرخ بهره وام برای ملکی که متقاضی شخصاً در آن سکونت خواهد داشت، کمتر از نرخ بهره وام برای ملک سرمایه‌گذاری است.

- بهره وام مربوط به املاک اجاره‌ای به عنوان هزینه قابل کسر از مالیات بر درآمد در نظر گرفته می‌شود. در حالی که بهره وام برای خانه‌ای که محل سکونت است، در محاسبه مالیات بر درآمد تأثیری ندارد. بنابراین، اگر مالک تصمیم دارد بدهی وام خود را کاهش دهد، از نظر مالیاتی بهتر است ابتدا وام خانه محل سکونت را کاهش دهد و وام ملک اجاره‌ای را حفظ کند.

- سود حاصل از فروش خانه‌ای که محل سکونت اصلی مالک بوده، تحت شرایطی از مالیات بر عایدی سرمایه (Capital Gains Tax) معاف است؛ در حالی که سود حاصل از فروش ملک سرمایه‌گذاری شامل این مالیات می‌شود.

---

1. Owner-Occupied Property
2. Investment Property

c) ریفاینانس[1]: ریفاینانس کردن وام مسکن به دلایل مختلفی انجام می‌شود، از جمله:

○ **کاهش نرخ بهره:** اگر نرخ بهره در بازار کاهش یافته باشد، مالک ممکن است بخواهد وام مسکن خود را با نرخ بهره پایین‌تری جایگزین کند تا هزینه‌های ماهانه‌اش کاهش یابد. برای اطمینان از سودآوری این اقدام، باید همه هزینه‌های مرتبط مانند جریمه فسخ قرارداد قبلی، هزینه‌های انتقال و غیره در نظر گرفته شود.

○ **تغییر نوع وام مسکن:** گاهی افراد از شرایط یا محدودیت‌های وام فعلی خود راضی نیستند و ترجیح می‌دهند نوع دیگری از وام را با شرایط مناسب‌تر جایگزین کنند.

○ **دسترسی به سرمایه:** مالک ممکن است بخواهد از ارزش خالص ایجادشده در ملک استفاده کرده و بخشی از آن را به صورت نقدی وام بگیرد.

○ **افزایش مدت بازپرداخت وام:** برخی ترجیح می‌دهند دوره بازپرداخت وام را برای مثال از ۱۵ سال به ۳۰ سال افزایش دهند تا مبلغ پرداختی ماهانه کاهش یابد و مدیریت نقدینگی‌شان بهبود پیدا کند.

حداکثر مبلغ قابل دریافت در زمان ریفاینانس، معادل ۸۰ درصد ارزش روز ملک است. در هر صورت، پیش از اقدام به ریفاینانس، باید تمامی جنبه‌های مالی از جمله جریمه احتمالی برای فسخ وام قبلی، هزینه‌های وکیل، و هزینه ارزیابی ملک به‌دقت بررسی شود.

d) ادغام بدهی[2]: ادغام بدهی‌ها روشی برای ترکیب چندین بدهی با نرخ‌های بهره بالا در قالب یک وام با نرخ بهره کمتر و شرایط بهتر است. این روش به کاهش هزینه‌های بهره، ساده‌سازی پرداخت‌ها، و در برخی موارد افزایش دوره بازپرداخت کمک می‌کند.

---

1. Refinance
2. Debt Consolidation

مثال:

فرض کنید سه بدهی مختلف دارید:

1. کارت اعتباری: ۳,۰۰۰ دلار با نرخ بهره ۲۰ درصد.
2. حساب اعتباری: ۵,۰۰۰ دلار با نرخ بهره ۹ درصد.
3. وام خودرو: ۲۰,۰۰۰ دلار با نرخ بهره ۷ درصد.

در این حالت، شما باید هر ماه سه پرداخت مجزا با نرخ‌های بهره متفاوت انجام دهید.

حال فرض کنید بانکی حاضر است با پشتوانه ملک‌تان، یک وام با نرخ بهره ۵ درصد به شما بدهد. با استفاده از این وام جدید، می‌توانید تمامی بدهی‌های قبلی را تسویه کرده و فقط یک بدهی جدید به مبلغ ۲۸,۰۰۰ دلار با نرخ بهره ۵ درصد داشته باشید. این روش، هم هزینه کلی بهره را کاهش می‌دهد و هم مدیریت مالی را ساده‌تر می‌کند.

e) تعویض[1]: به معنای انتقال همان مبلغ وام از یک بانک به بانکی دیگر است، بدون تغییر در مقدار وام. این کار معمولاً زمانی انجام می‌شود که بانک مقصد، شرایط بهتری نظیر نرخ بهره پایین‌تر یا خدمات مناسب‌تری ارائه دهد. البته، متقاضی باید شرایط وام‌دهنده جدید را داشته باشد.

1. Switching

جمع‌بندی:

پیش از اتخاذ هرگونه تصمیم در خصوص دریافت یا تغییر وام مسکن، باید تمامی ابعاد مالی آن را به‌دقت بررسی کرد؛ از جمله:

- مبلغ جریمه برای فسخ وام فعلی
- هزینه‌های قانونی (مانند هزینه وکیل)
- هزینه ارزیابی ملک

مدیریت هوشمندانه وام‌ها و انتخاب استراتژی مناسب می‌تواند نه‌تنها به تحقق اهداف مالی شما کمک کند، بلکه در بلندمدت تأثیر مستقیم بر افزایش یا کاهش دارایی شما داشته باشد. در این مسیر، بهره‌گیری از مشاوره کارشناسان مالی و بررسی دقیق شرایط بازار، گامی مؤثر در جهت ساختن آینده‌ای مطمئن و پایدار است.

عوامل مؤثر بر وام مسکن:

در فرآیند دریافت وام مسکن، عوامل متعددی نقش تعیین‌کننده‌ای در تأیید یا رد درخواست متقاضی و همچنین در تعیین شرایط و نرخ بهره وام ایفا می‌کنند. این عوامل نه تنها به وضعیت مالی و سابقه اعتباری متقاضی وابسته‌اند، بلکه شرایط ملک مورد نظر نیز در این ارزیابی‌ها تأثیرگذار است. از وضعیت اقامت، شغل و درآمد گرفته تا مقدار بدهی‌ها و نسبت درآمد به هزینه‌ها، همگی به‌دقت توسط وام‌دهندگان بررسی می‌شوند. همچنین، جزئیات مرتبط با پیش‌پرداخت، دارایی‌های متقاضی، و ارزش و موقعیت ملک از دیگر معیارهای کلیدی هستند که در این فرآیند مدنظر قرار می‌گیرند. شناخت این عوامل و درک نحوه تأثیرگذاری آن‌ها می‌تواند به متقاضیان کمک کند تا با آمادگی بیشتری برای دریافت وام اقدام کرده و شانس موفقیت خود را افزایش دهند.

وضعیت اقامت متقاضی:

وضعیت اقامت متقاضی تأثیر زیادی بر انتخاب بانک، نوع و مقدار وام مسکن دارد. هرچه وضعیت اقامت بی‌ثبات‌تر باشد، ریسک بانک در اعطای وام بیشتر خواهد بود. به همین دلیل، بانک‌ها از افرادی که شهروند یا دارای اقامت دائم کانادا نیستند می‌خواهند که یا پیش‌پرداخت بیشتری (مثلاً ۳۵ درصد) بپردازند، یا بیمه وام مسکن تهیه کنند تا بانک اطمینان یابد در صورت عدم بازپرداخت وام، متضرر نخواهد شد.

شغل و سابقه کاری متقاضی

شغل و سابقه کاری تأثیر زیادی بر قابلیت دریافت وام مسکن دارد. متقاضیانی که دارای شغل پایدار و درآمد ثابت هستند، بیشتر مورد توجه بانک‌ها قرار می‌گیرند، زیرا توانایی آن‌ها در بازپرداخت وام طی مدت زمان طولانی بیشتر قابل اعتماد است.

سابقه کاری مستمر و طولانی‌مدت، نشان‌دهنده ثبات مالی و قابلیت اطمینان متقاضی است. کارکنان تمام‌وقت، پس از پایان دوره آزمایشی، درآمد قابل اتکایی دارند. در مقابل، صاحبان کسب‌وکار، افراد دارای چند شغل، کارمندان پاره‌وقت، و کسانی که درآمدشان مبتنی بر کمیسیون است، باید دست‌کم دو سال سابقه کاری ارائه دهند تا پایداری درآمدی‌شان به تأیید برسد.

همچنین، نوسانات ناگهانی در درآمد یا عدم تطابق درآمد با نوع شغل و تخصص فرد ممکن است بانک را نسبت به ثبات درآمدی دچار تردید کند.

نوع شغل نیز در تصمیم‌گیری بانک‌ها نقش دارد. مشاغل با درآمد بالا و ثبات بیشتر مانند پزشکان، کارکنان دولت، و کارمندان شرکت‌های بزرگ، احتمال بیشتری برای دریافت وام‌های بزرگ دارند.

نسبت درآمد به هزینه‌های متقاضی:

منابع و مقدار درآمد:

درآمد و مقدار آن، از عوامل اصلی در تصمیم‌گیری بانک‌ها هستند. هرچه درآمد بالاتر باشد، توان بازپرداخت متقاضی بیشتر تلقی می‌شود. با این حال، بانک‌های مختلف ممکن است درآمد را به روش‌های متفاوتی محاسبه کنند و گاهی این محاسبه با درآمد واقعی فاصله دارد. برای مثال، فردی که یک شغل تمام‌وقت با درآمد سالانه ۶۰,۰۰۰ دلار و یک شغل پاره‌وقت با درآمد ۲۰,۰۰۰ دلار دارد، ممکن است تنها درآمد شغل اصلی‌اش (۶۰,۰۰۰ دلار) برای محاسبه وام در نظر گرفته شود.

برخی افراد از منابع درآمدی‌ای برخوردارند که شاید ندانند قابل ارائه به بانک هستند. درآمدهای قابل بررسی برای دریافت وام مسکن شامل موارد زیر می‌شوند:

1. **درآمد حاصل از اشتغال: شغل اصلی و فرعی**
2. **درآمد سرمایه‌گذاری: مانند اجاره املاک یا سود سهام (معمولاً باید در کنار یک منبع درآمد ثابت دیگر باشد)**
3. **درآمد بازنشستگی: درآمدی با ثبات**
4. **کمک‌های دولتی برای فرزندان: در صورت استمرار می‌تواند محاسبه شود.**
5. **درآمد ناشی از کارافتادگی: در صورت تداوم، قابل اتکاست.**
6. **کمک‌های مالی حکم‌شده توسط دادگاه (مانند پس از طلاق): اگر ادامه‌دار باشد، ممکن است لحاظ شود.**

این تنوع در منابع درآمدی می‌تواند در فرآیند دریافت وام مؤثر واقع شود و به ایجاد اعتماد در بانک کمک کند.

مقدار بدهی‌ها:

بدهی‌های فعلی متقاضیان نقش مهمی در تصمیم‌گیری بانک‌ها دارند. بانک‌ها بررسی می‌کنند که آیا متقاضی توانایی پرداخت همزمان وام جدید و سایر تعهدات مالی خود را دارد یا خیر. بدهی‌هایی مانند وام مسکن دیگر، وام خودرو، وام دانشجویی، کارت‌های اعتباری و غیره در این بررسی‌ها مد نظر قرار می‌گیرند.

به همین دلیل توصیه می‌شود ابتدا اقدام به خرید خانه کرده و سپس سراغ تعهدات مالی بزرگ دیگر مانند خرید خودرو بروید. به عنوان مثال، یک وام خودرو با قسط ماهانه ۱۰۰۰ دلار می‌تواند ظرفیت دریافت وام مسکن را تا حدود ۱۴۴,۰۰۰ دلار کاهش دهد (با فرض وام ۳۰ ساله با نرخ بهره ۵/۵ درصد).

نسبت‌های GDS و TDS

دو شاخص مالی اصلی برای ارزیابی توان مالی متقاضی وام وجود دارد:

شاخص نسبت بازپرداخت ناخالص بدهی - GDS[1]

این نسبت نشان‌دهنده درصدی از درآمد ناخالص متقاضی است که صرف پرداخت هزینه‌های مسکن مانند اقساط وام، مالیات ملک و هزینه گرمایش می‌شود. بانک‌ها معمولاً انتظار دارند این نسبت کمتر از ۳۹ درصد باشد. البته در برخی برنامه‌های خاص، این نسبت ممکن است متفاوت باشد یا اعمال نشود، ولی در وام‌های insured و insurable این محدودیت‌ها حتماً توسط شرکت بیمه لحاظ می‌شوند.

شاخص نسبت بازپرداخت کل بدهی TDS[2]

این نسبت شامل مجموع اقساط تمام بدهی‌های متقاضی، شامل وام مسکن، خودرو، کارت‌های اعتباری و غیره، به نسبت درآمد ناخالص است. مقدار قابل‌قبول برای این نسبت معمولاً کمتر از ۴۴ درصد است، اما بسته به شرایط و سیاست‌های موسسات مالی ممکن است متفاوت باشد.

اگر مقادیر GDS یا TDS بیشتر از حد مجاز باشند، بانک ممکن است ریسک متقاضی را بالا در نظر گرفته و یا مبلغ کمتری وام ارائه دهد، یا حتی درخواست را رد کند.

1. Gross Debt Service Ratio
2. Total Debt Service Ratio

وضعیت تأهل:

وضعیت تأهل نقش مهمی در تعیین شرایط و میزان وام مسکن دارد. برای افراد متأهل، درآمدها و بدهی‌های هر دو نفر در محاسبات مالی لحاظ می‌شود. در مواردی که یکی از زوجین تصمیم دارد به‌تنهایی اقدام به خرید ملک کند، بانک‌ها معمولاً درخواست ارائه نامه‌ای از وکیل مستقل می‌کنند تا اطمینان حاصل شود که فرد متقاضی کاملاً از پیامدهای اقدام خود آگاه بوده و هیچ‌گونه ادعایی از سوی همسر او نسبت به ملک مورد نظر وجود ندارد.

افرادی که از همسر خود جدا شده‌اند، گاهی ملزم به ارائه مدارک مربوط به قرارداد جدایی هستند. پرداخت‌های ماهانه‌ای که به‌عنوان نفقه یا حمایت از فرزندان به همسر سابق انجام می‌شود، به‌عنوان بدهی در نظر گرفته شده و ممکن است توانایی دریافت وام را کاهش دهد. از سوی دیگر، در صورتی که متقاضی به‌صورت مستمر و قانونی دریافتی مالی از همسر سابق داشته باشد، این مبالغ می‌توانند به‌عنوان بخشی از درآمد او محاسبه شده و در افزایش میزان وام قابل دریافت مؤثر باشند.

این موارد نشان می‌دهند که وضعیت تأهل می‌تواند به‌صورت مستقیم بر فرآیند ارزیابی وام مسکن تأثیرگذار باشد.

دارایی‌های متقاضی:

داشتن دارایی‌های قابل‌توجه می‌تواند نقش مؤثری در تسهیل فرآیند دریافت وام مسکن داشته باشد. این دارایی‌ها، به‌ویژه آن‌هایی که به‌راحتی قابل نقد شدن هستند، برای بانک‌ها و مؤسسات مالی نشانه‌ای از ثبات و امنیت مالی متقاضی تلقی می‌شوند. در نتیجه، افرادی که دارایی بیشتری دارند معمولاً ریسک پایین‌تری برای وام‌دهندگان محسوب می‌شوند، چراکه احتمال بازپرداخت کامل وام توسط آن‌ها بیشتر است.

چنین دارایی‌هایی می‌توانند به‌عنوان ضمانت غیرمستقیم در فرآیند ارزیابی وام در نظر گرفته شوند و متقاضی را واجد شرایط برای دریافت وام با مبلغ بالاتر و شرایط بهتر کنند. از جمله دارایی‌های مهم می‌توان به پول نقد، سپرده‌های بانکی، سهام قابل‌فروش، و اوراق قرضه کوتاه‌مدت اشاره کرد. وجود این منابع، قدرت چانه‌زنی متقاضی را در دریافت وام افزایش می‌دهد.

با این حال، داشتن دارایی به‌تنهایی تضمین‌کننده تأیید وام نیست. بانک‌ها همواره بررسی جامعی از وضعیت مالی متقاضی انجام می‌دهند که شامل تمامی عوامل پیش‌تر اشاره‌شده مانند وضعیت اقامت، نوع شغل، درآمد، بدهی‌ها، نسبت‌های مالی و اعتبار است. این ارزیابی جامع است که تعیین می‌کند آیا متقاضی واجد شرایط دریافت وام هست یا خیر، و اگر هست، این وام با چه شرایط و ویژگی‌هایی ارائه خواهد شد.

بنابراین، اگرچه دارایی‌ها می‌توانند تأثیر مثبتی در روند دریافت وام داشته باشند، اما تنها بخشی از یک تصویر کامل‌تر هستند که وام‌دهندگان برای تصمیم‌گیری نهایی در نظر می‌گیرند.

مقدار، تاریخچه و منبع تأمین پیش‌پرداخت:

مقدار پیش‌پرداخت:

در فرآیند خرید مسکن، پیش‌پرداخت نقش کلیدی در تعیین شرایط وام ایفا می‌کند. نسبت پیش‌پرداخت به قیمت خرید، یکی از معیارهای اصلی برای ارزیابی ریسک اعطای وام از سوی وام‌دهندگان است. این نسبت به‌روشنی بیانگر میزان مشارکت مالی خریدار در خرید ملک است. در این بخش بررسی می‌کنیم که چرا این معیار اهمیت دارد و چگونه بر تصمیم‌گیری مالی تأثیر می‌گذارد.

وقتی خریداران بخش بزرگ‌تری از قیمت خانه را به‌عنوان پیش‌پرداخت پرداخت می‌کنند، وام‌دهندگان با ریسک کمتری مواجه می‌شوند. دلیل این امر روشن است: با افزایش میزان پیش‌پرداخت، مبلغ مورد نیاز برای وام کاهش یافته و در نتیجه، احتمال بازپرداخت کامل وام توسط خریدار افزایش می‌یابد. در واقع، پیش‌پرداخت بالاتر نشان‌دهنده تعهد مالی قوی‌تری از سوی خریدار است که بیانگر توانایی وی در مدیریت تعهدات مالی محسوب می‌شود.

همچنین، در شرایطی که وام‌گیرنده قادر به بازپرداخت وام خود نباشد و بازار املاک نیز در وضعیت نامناسبی قرار داشته باشد، اهمیت پیش‌پرداخت بیشتر مشخص می‌شود. پیش‌پرداخت بالا تضمین می‌کند که در ملک، سرمایه کافی وجود دارد تا بانک بتواند پس از کسر هزینه‌های قانونی، حق‌الزحمه وکیل و دادگاه، و حتی زیان ناشی از خواب سرمایه، ملک را بفروشد و دچار زیان نشود. به همین دلیل، پیش‌پرداخت برای وام‌دهندگان به‌عنوان یک سپر امنیتی در برابر نوسانات بازار و خطرات مالی تلقی می‌شود.

با این حال، بسیاری از خریداران ترجیح می‌دهند میزان پیش‌پرداخت را کاهش دهند و حداکثر میزان وام ممکن را دریافت کنند. این تمایل می‌تواند دلایل مختلفی داشته باشد؛ از جمله حفظ نقدینگی برای سایر هزینه‌ها یا سرمایه‌گذاری‌ها.

حداقل مقدار پیش‌پرداخت بر اساس عوامل متعددی تعیین می‌شود که شامل قیمت ملک، نوع وام، سیاست‌های وام‌دهنده و ویژگی‌های ملک موردنظر است. برای مثال:

- **قیمت ملک:** معمولاً حداقل پیش‌پرداخت مورد نیاز به‌صورت پلکانی با افزایش قیمت ملک بالا می‌رود. این میزان بسته به قوانین روز بانک‌ها و شرکت‌های بیمه وام، متغیر است. برای مثال:

  - حداقل پیش‌پرداخت برای خرید تا سقف ۵۰۰ هزار دلار ۵ درصد.
  - برای خرید از ۵۰۰ هزار دلار تا ۱/۵ میلیون دلار: ۱۰ درصد.
  - برای خرید از ۱/۵ میلیون دلار تا ۲/۵ میلیون دلار: ۲۰ درصد.
  - برای خرید از ۲/۵ تا ۵ میلیون دلار: ۵۰ درصد.

  برای اطلاعات دقیق و به‌روز، حتماً با یک کارگزار وام مسکن مشورت نمایید.

- **نوع وام:** وام‌های مختلف با اهداف مختلف، الزامات متفاوتی برای پیش‌پرداخت دارند؛ مانند وام ویژه تازه‌واردان که معمولاً نیاز به ۳۵درصد پیش‌پرداخت دارد.

- **سیاست‌های وام‌دهنده:** بانک‌ها و مؤسسات مالی بسته به ارزیابی خود از ریسک وام، ممکن است پیش‌پرداخت بیشتری را درخواست کنند.

- **ویژگی‌های ملک:** برخی ویژگی‌های خاص ملک، مانند کاربری خاص یا موقعیت مکانی، ممکن است ریسک بیشتری برای وام‌دهنده ایجاد کند و در نتیجه، پیش‌پرداخت بیشتری لازم باشد.

در نهایت، تصمیم‌گیری درباره میزان پیش‌پرداخت نیازمند ایجاد تعادل میان توانایی مالی خریدار، تمایل به حفظ نقدینگی، و الزامات و شرایط وام‌دهنده است. خریداران باید با در نظر گرفتن همه این عوامل، مناسب‌ترین تصمیم را برای شرایط خود اتخاذ کنند.

تاریخچه و منابع پیش‌پرداخت

در فرآیند خرید ملک، شناخت دقیق تاریخچه، منشأ و مالکیت پولی که برای پیش‌پرداخت استفاده می‌شود، اهمیت زیادی دارد. بانک‌ها و مؤسسات وام‌دهی، طبق قوانین ضد پول‌شویی، موظف‌اند اطمینان حاصل کنند که منابع مالی مورد استفاده برای پیش‌پرداخت، مشروع و قانونی هستند. به عبارت دیگر، آن‌ها باید مطمئن شوند که پول مورد استفاده برای پیش‌پرداخت از منابع مشخص و قابل پیگیری تأمین شده است.

به عنوان مثال، اگر پیش‌پرداخت از طریق پس‌اندازهای شخصی فراهم شده باشد، بانک‌ها بررسی می‌کنند که آیا میزان پس‌انداز با سن، سطح درآمد، و الگوی مصرفی فرد همخوانی دارد یا خیر. این ارزیابی به آن‌ها کمک می‌کند تا منطقی بودن منشأ پول را تشخیص دهند. علاوه بر منشأ، انتخاب نوع منبع پیش‌پرداخت نیز باید با شرایط بانک و نوع برنامه‌ی وامی که متقاضی قصد استفاده از آن را دارد، هماهنگ باشد. برای مثال، برخی برنامه‌های وامی ممکن است استفاده از وجوه هدیه شده توسط اعضای خانواده را نپذیرند. همچنین، چنانچه منبع پیش‌پرداخت از کشورهایی باشد که تحت تحریم‌های بین‌المللی قرار دارند، ممکن است وام‌دهنده از ارائه وام خودداری کند.

سابقه مالی پول نیز یک عامل کلیدی است. اگرچه مدت زمان لازم برای اثبات سابقه مالی بر اساس سیاست‌های هر وام‌دهنده متفاوت است، اما در اکثر موارد، بانک‌ها حداقل سه ماه سابقه گردش مالی برای بررسی منشأ و مالکیت پول درخواست می‌کنند. این اقدام به شناسایی منبع پول و جلوگیری از استفاده از وجوه غیرقانونی کمک می‌کند. با این حال، استثناهایی نیز وجود دارد؛ مثلاً اگر پیش‌پرداخت از محل فروش یک دارایی دیگر مانند ملک تأمین شده باشد، ارائه اسناد رسمی فروش ممکن است جایگزین سابقه سه‌ماهه شود. برای تأمین مبلغ پیش‌پرداخت، می‌توان از منابع مختلفی استفاده کرد که رایج‌ترین آن‌ها عبارت‌اند از:

1. **پس‌انداز شخصی:** معمول‌ترین روش تأمین پیش‌پرداخت است. این پول می‌تواند از محل درآمد شغلی، صرفه‌جویی در هزینه‌ها، یا سایر منابع قانونی به دست آمده باشد.

2. **هدایا و کمک‌های مالی از خانواده:** به‌دلیل رشد سریع قیمت مسکن و دشواری پس‌انداز برای جوانان، کمک‌های مالی خانواده‌های درجه اول به فرزندان برای تأمین پیش‌پرداخت روزبه‌روز رایج‌تر می‌شود.

۳. فروش دارایی‌ها: فروش دارایی‌های نقدشونده مانند سهام، خودرو، املاک یا اقلام ارزشمند، می‌تواند منبع مؤثری برای تأمین پیش‌پرداخت باشد.

۴. ریفاینانس (وام مجدد): در صورتی که مالک ملک دیگری باشید، می‌توانید از ارزش خالص موجود در آن ملک برای دریافت وجه نقد استفاده کنید. این کار معمولاً از طریق بازپرداخت وام موجود و دریافت وام جدید با شرایط متفاوت انجام می‌شود.

۵. استفاده از حساب یا وام اعتباری: برخی متقاضیان ممکن است از حساب‌های اعتباری شخصی برای تأمین بخشی از پیش‌پرداخت استفاده کنند، مشروط بر اینکه نسبت بدهی به درآمد آن‌ها با الزامات وام‌دهنده سازگار باشد.

در استفاده از هر یک از این منابع، رعایت کامل قوانین ضد پول‌شویی ضروری است. مؤسسات مالی معمولاً اسناد و مدارکی مانند صورت‌حساب‌های بانکی، قراردادهای فروش دارایی، نامه‌های رسمی مربوط به هدیه یا سایر مستندات را برای اثبات منشأ پول درخواست می‌کنند. حتی در مورد وجوه هدیه‌شده نیز بانک‌ها ممکن است خواستار مشاهده سابقه و منشأ این وجوه باشند.

همچنین، در صورتی که بخشی از پیش‌پرداخت از خارج از کشور تأمین شده باشد یا منبع آن مشکوک تلقی شود، مؤسسات مالی بررسی‌های بیشتری انجام خواهند داد. بنابراین، هنگام جمع‌آوری مبلغ پیش‌پرداخت، اطمینان حاصل کنید که تمام تراکنش‌ها شفاف، قابل ردیابی و قانونی باشند.

مشاوره با یک مشاور متخصص وام مسکن که با قوانین ضد پول‌شویی و الزامات وام‌دهندگان آشنا باشد، می‌تواند به انتخاب منابع مناسب، تهیه مدارک مورد نیاز، و تسهیل فرآیند دریافت وام کمک شایانی کند. این کار نه‌تنها فرآیند خرید را روان‌تر می‌کند، بلکه از بروز مشکلات احتمالی در آینده نیز جلوگیری خواهد کرد.

به یاد داشته باشید که بر خلاف ایران، در کانادا افتتاح حساب‌های متعدد بانکی و جابه‌جایی وجوه میان آن‌ها به منظور افزایش ظاهری گردش مالی نه‌تنها کمکی به دریافت وام نمی‌کند، بلکه ممکن است فرآیند تأیید وام را دشوارتر کند.

امتیاز و سابقه اعتباری متقاضی

بانک‌ها و مؤسسات مالی برای ارزیابی ریسک اعطای وام، امتیاز و تاریخچه اعتباری متقاضی را بررسی می‌کنند. این تاریخچه نمایانگر تعهد و سابقه فرد در بازپرداخت بدهی‌های قبلی است و به بانک‌ها امکان می‌دهد تصمیم بگیرند که آیا متقاضی قادر به بازپرداخت وام خواهد بود یا خیر. این فرآیند به مدیریت ریسک و جلوگیری از اعطای وام به افرادی که احتمال نکول بالایی دارند کمک می‌کند.

امتیاز اعتباری[1] شاخصی کلیدی از رفتار مالی متقاضی در قبال بدهی‌ها، اعتبارات و تعهدات مالی است. بانک‌ها در بررسی درخواست‌های وام تنها به این امتیاز اکتفا نمی‌کنند، بلکه به‌صورت دقیق، تاریخچه اعتباری فرد را نیز تحلیل می‌کنند. این امتیاز که حاصل بررسی جامع سوابق مالی متقاضی است، تحت تأثیر عوامل متعددی قرار دارد:

۱. تاریخچه پرداخت: پرداخت به‌موقع قبوض، وام‌ها و کارت‌های اعتباری تأثیر زیادی بر امتیاز اعتباری دارد. تأخیر در پرداخت‌ها می‌تواند اثر منفی بر این امتیاز داشته باشد.

۲. نسبت بدهی به اعتبار موجود: افرادی که میزان بدهی‌شان به سقف اعتباری نزدیک است، معمولاً از رتبه اعتباری پایین‌تری برخوردارند. برای بهبود امتیاز اعتباری، توصیه می‌شود از بیش از ۳۰ درصد سقف اعتبار خود استفاده نکنید. برای مثال، اگر اعتبار کارت شما ۱۰۰۰ دلار است، تلاش کنید بیشتر از ۳۰۰ دلار استفاده نکنید. داشتن خطوط اعتباری متعدد نیز می‌تواند به پایین نگه‌داشتن این نسبت کمک کند.

در این زمینه باید توجه داشت که نحوه محاسبه بدهی توسط بانک‌ها متفاوت است. برخی بانک‌ها، کل حد اعتباری (اعم از استفاده‌شده و استفاده‌نشده) را به‌عنوان بدهی در نظر می‌گیرند، درحالی‌که دیگر بانک‌ها فقط مبلغ استفاده‌شده را محاسبه می‌کنند. این تفاوت می‌تواند تأثیر قابل توجهی بر میزان وامی که متقاضی می‌تواند دریافت کند داشته باشد.

---

1. Credit Score

۳. طول تاریخچه اعتباری: مدت زمانی که فرد دارای اعتبار بوده است نیز مهم است. به‌طور کلی، برای ساخت اعتبار مناسب، لازم است حداقل دو خط اعتباری به مدت دو سال فعال باشند. همچنین قدمت هر حساب اعتباری اهمیت دارد؛ مثلاً کارت اعتباری با ۱۰ سال سابقه اعتبار بیشتری نسبت به کارتی با ۳ سال سابقه دارد.

۴. نوع اعتبار: تنوع در انواع خطوط اعتباری مانند کارت اعتباری، وام شخصی و وام مسکن می‌تواند اثر مثبتی بر امتیاز اعتباری داشته باشد.

۵. سابقه مالی منفی: حتی در صورت داشتن شغل و درآمد مناسب، سوابق مالی نامطلوب مانند اعلام ورشکستگی یا عدم پرداخت بدهی‌ها در گذشته می‌تواند تأثیر منفی بر تصمیم‌گیری بانک بگذارد.

۶. تعداد درخواست‌های جدید برای اعتبار: ثبت چندین درخواست اعتبار در مدت زمان کوتاه می‌تواند باعث کاهش امتیاز اعتباری شود.

۷. حساب‌های بدون استفاده: حساب‌هایی که مدت‌ها استفاده نشده‌اند ممکن است شامل بدهی‌های جزئی باقی‌مانده باشند که می‌توانند به‌طور ناخواسته اثر منفی بر رتبه اعتباری بگذارند. برای مثال، در صورت تغییر اپراتور تلفن، اگر حساب قبلی با بدهی اندکی بسته نشده باشد، همان بدهی اندک ممکن است موجب افت امتیاز اعتباری شود. بنابراین، لازم است اطمینان حاصل شود که هر حسابی که دیگر استفاده نمی‌شود، تسویه و بسته شده باشد.

۸. بدهی‌های پرداخت‌نشده و وصول مطالبات: بدهی‌هایی که به مرحله پیگیری قانونی یا وصول مطالبات رسیده‌اند، اثر منفی جدی بر امتیاز اعتباری دارند. یکی از مشتریان من به دلیل عدم پرداخت جریمه پارکینگ شهرداری نورت ونکوور با کاهش شدید امتیاز اعتباری مواجه شد، در حالی که اصلاً از این جریمه بی‌اطلاع بود. این مثال نشان‌دهنده اهمیت پیگیری مستمر وضعیت اعتباری برای پیشگیری از آسیب‌های احتمالی، چه ناشی از اشتباه، چه کلاهبرداری، است.

برای حفظ سلامت اعتبار، توصیه می‌شود که به‌صورت دوره‌ای گزارش اعتباری خود را از طریق دو مؤسسه معتبر Equifax و TransUnion بررسی کنید. این استعلام‌ها دو نوع هستند:

- **استعلام اعتباری نرم¹:** مانند زمانی که شخصاً گزارش اعتباری خود را مشاهده می‌کنید. این نوع استعلام تأثیری بر رتبه اعتباری ندارد.

- **استعلام اعتباری سخت²:** معمولاً زمانی انجام می‌شود که نهادی قصد ارائه وام یا اعتبار دارد. این استعلام در گزارش اعتباری ثبت می‌شود و ممکن است موجب کاهش موقت رتبه اعتباری شود.

نمودار زیر بطور ساده شده وزن هر یک از عوامل مؤثر بر رتبه اعتباری را نشان می‌دهد:

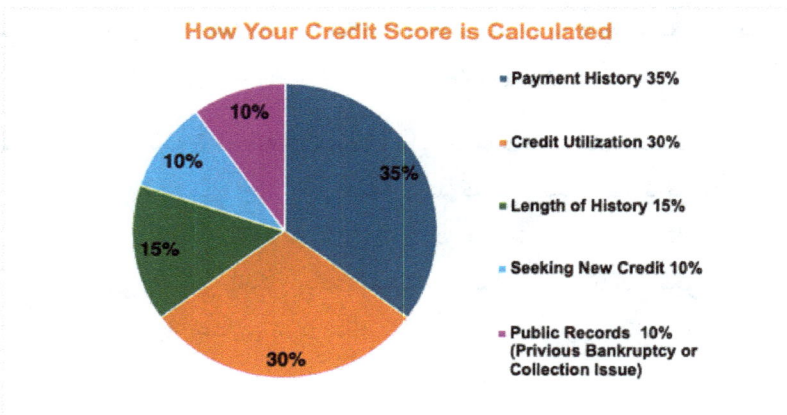

How Your Credit Score is Calculated

- Payment History 35%
- Credit Utilization 30%
- Length of History 15%
- Seeking New Credit 10%
- Public Records 10% (Privious Bankruptcy or Collection Issue)

35%
30%
15%
10%
10%

---

1. Soft Credit Check
2. Hard Credit Check

استرس تست[1]

استرس تست وام مسکن در کانادا، به‌عنوان یکی از سیاست‌های کلیدی مالی طراحی شده است تا اطمینان حاصل شود که خریداران خانه در برابر نوسانات اقتصادی و افزایش احتمالی نرخ بهره مقاوم هستند. این تدبیر به حفظ ثبات کلی سیستم مالی کشور کمک می‌کند. در این فرآیند، از متقاضیان وام خواسته می‌شود که توانایی بازپرداخت اقساط را در سناریویی فرضی، با نرخ بهره‌ای حداقل ۲ درصد بالاتر از نرخ فعلی، داشته باشند. به‌عنوان مثال، اگر نرخ بهره واقعی وام ۵ درصد باشد، بانک بازپرداخت اقساط را بر پایه نرخ بهره ۷ درصد محاسبه خواهد کرد. البته دولت یک نرخ بهره حداقلی نیز برای وام‌هایی با بهره بسیار پایین تعیین کرده است.

این موضوع می‌تواند مبلغ نهایی وامی را که متقاضی واجد شرایط آن خواهد بود، کاهش دهد، زیرا محاسبات بانک بر اساس نرخ بهره بالاتری صورت می‌گیرد. البته باید توجه داشت که همه وام‌دهندگان ملزم به اعمال استرس تست نیستند.

هدف اصلی از اجرای استرس تست، جلوگیری از بروز بحران‌های مالی، تضمین ثبات در بازار مسکن و پرهیز از اعطای وام به افرادی است که ممکن است در شرایط اقتصادی سخت قادر به بازپرداخت تعهدات خود نباشند. این تدبیر همچنین متقاضیان را به سوی نگاهی واقع‌گرایانه‌تر نسبت به توانایی مالی خود سوق می‌دهد تا از تعهدات فراتر از توان جلوگیری کنند.

ملک در حال خرید[2]

ملکی که در حال خریداری است، نقش وثیقه اصلی برای دریافت وام را ایفا می‌کند. بانک‌ها نیاز دارند اطمینان حاصل کنند که در صورت بروز مشکل در بازپرداخت اقساط توسط وام‌گیرنده، امکان فروش سریع و آسان ملک به قیمتی منطقی وجود دارد تا سرمایه خود را بازیابی کنند. از این‌رو، در فرآیند ارزیابی ملک، موقعیت جغرافیایی، وضعیت فیزیکی و ارزش بازاری ملک از اهمیت بالایی برخوردارند.

1. Stress Test
2. Subject Property

محل و موقعیت ملک [1]

موقعیت جغرافیایی ملک یکی از عوامل کلیدی در تصمیم‌گیری بانک‌ها برای اعطای وام مسکن است. این عامل بر ارزش ملک، میزان ریسک، شرایط اقتصادی منطقه‌ای و سطح عرضه و تقاضا تأثیر می‌گذارد. در ادامه به تأثیرات اصلی آن اشاره می‌شود:

۱. **ارزش ملک:** موقعیت مکانی مستقیماً بر ارزش ملک تأثیر می‌گذارد. بانک‌ها به املاک واقع در مناطق با ارزش بالاتر و بازار فعال‌تر تمایل بیشتری نشان می‌دهند.

۲. **ریسک جغرافیایی:** موقعیت یک ملک ممکن است ریسک‌هایی مانند خطر سیل یا آتش‌سوزی را به همراه داشته باشد که این موارد در تصمیم بانک برای اعطای وام اثرگذار خواهند بود.

۳. **اقتصاد منطقه‌ای:** شرایط اقتصادی ناحیه‌ای که ملک در آن واقع شده است می‌تواند تقاضا، قیمت مسکن و ریسک اعتباری را تحت تاثیر قرار دهد. مناطق دارای اقتصاد قوی و فرصت‌های شغلی بیشتر، احتمال بیشتری برای دریافت وام دارند.

۴. **عرضه و تقاضا:** در مناطق پرتقاضا و دارای عرضه محدود، بانک‌ها معمولاً شرایط آسان‌تری برای اعطای وام ارائه می‌دهند، به‌ویژه در نواحی شهری و پرجمعیت.

درک صحیح از تأثیر موقعیت ملک بر فرآیند وام‌دهی به متقاضی کمک می‌کند تا دید واقع‌بینانه‌تری نسبت به شرایط خود داشته و آمادگی بیشتری برای مواجهه با چالش‌های احتمالی پیدا کند.

---

1. Location

شرایط و وضعیت فیزیکی ملک[1]

شرایط فیزیکی ملک نیز در فرآیند ارزیابی وام مسکن نقشی کلیدی ایفا می‌کند. بانک‌ها به وضعیت کلی ملک توجه دارند، زیرا این عامل مستقیماً بر ارزش‌گذاری، ریسک مالی و امکان فروش مجدد ملک اثر می‌گذارد.

اگر ملک در وضعیت مناسب و بدون مشکلات اساسی باشد، ارزش آن بالاتر ارزیابی می‌شود و بانک با اطمینان بیشتری وام اعطا می‌کند. در مقابل، اگر ملک نیازمند تعمیرات اساسی باشد یا وضعیت ناپایدار داشته باشد، بانک ممکن است تمایلی به ارائه وام نداشته باشد یا شرایط سخت‌تری برای وام در نظر بگیرد.

به‌طور معمول، بانک‌ها به املاکی که در حال بازسازی هستند وام نمی‌دهند، به همین دلیل توصیه می‌شود خرید یا فروش ملک قبل یا بعد از اتمام تعمیرات انجام شود. در برخی موارد، بانک ممکن است برای ملک‌هایی که نیاز به تعمیر دارند شرایط خاصی مانند تعیین زمان مشخص برای انجام تعمیرات یا اعطای وام بر اساس ارزش ملک پس از تعمیرات در نظر بگیرد.

در مجتمع‌های مسکونی، به‌ویژه ساختمان‌های قدیمی، تعمیرات اساسی ممکن است نیازمند تصویب هیئت‌مدیره و رضایت ساکنین باشد که گاه فرآیند پیچیده و زمان‌بری است. برای نمونه، در یکی از مجتمع‌های مسکونی در نورت ونکوور، لزوم تعمیرات اساسی بتن پارکینگ منجر به اختلاف نظر میان اعضا شد. این موضوع باعث شد که چندین بانک از ارائه وام به واحدهای آن ساختمان خودداری کنند و در نتیجه، ارزش املاک آن مجموعه نیز کاهش یافت.

به‌طور کلی، بررسی دقیق وضعیت فیزیکی ملک پیش از خرید از اهمیت بالایی برخوردار است. برنامه‌ریزی مناسب برای تعمیرات و آگاهی از تأثیرات آن بر قابلیت دریافت وام، می‌تواند از بروز مشکلات احتمالی جلوگیری کند، به‌ویژه در املاک قدیمی که فرآیند تعمیرات اغلب از کنترل مستقیم خریدار خارج است.

---

1. Condition

ارزش ملک[1]

ارزش ملک به عنوان یکی از عوامل کلیدی، نقش مهمی در فرایند اخذ وام مسکن ایفا می‌کند. بانک‌ها و موسسات مالی به ارزش تعیین‌شده برای ملک به دقت توجه می‌کنند زیرا این ارزش به طور مستقیم با میزان امنیت وام و ریسک مالی مرتبط است. در این زمینه، تأثیر ارزش ملک بر شرایط وام به شرح زیر است:

میزان وام قابل اعطا: ارزش ملک بنیادی‌ترین عامل در تعیین حداکثر میزان وامی است که می‌توانید دریافت کنید. برای مثال، اگر ملکی دارای ارزشی معادل یک میلیون دلار باشد و بانک در حالت سنتی تا ۸۰ درصد از ارزش ملک را وام دهد، شما می‌توانید تا سقف ۸۰۰ هزار دلار وام دریافت کنید.

نرخ بهره وام: ارزش ملک ممکن است بر نرخ بهره‌ای که بانک پیشنهاد می‌دهد تأثیر بگذارد. نرخ بهره معمولاً بر اساس نسبت وام به ارزش ملک (Loan to Value) تعیین می‌شود؛ هر چه این نسبت کمتر باشد، احتمال دریافت نرخ بهره پایین‌تر افزایش می‌یابد. این تاثیر بر وام‌های C-Lender محسوس تر است.

تایید وام: احتمال تایید وام نیز تحت تأثیر ارزش ملک قرار دارد. بانک‌ها در نسبت‌های بالای وام به ارزش ملک، ممکن است با احتیاط بیشتری عمل کنند و شرایط سخت‌گیرانه‌تری را اعمال نمایند.

میزان پیش پرداخت: حداقل پیش پرداخت لازم با قیمت ملک رابطه مستقیم دارد. هر چقدر قیمت ملک بالاتر باشد میزان نوسان قیمت آن محسوس تر است و تقاضا برای این ملک محدود تر است. لذا ریسک بانک هم بیشتر است و پیش پرداخت بیشتری طلب می کند.

در نهایت، ارزیابی ارزش ملک به طور معمول توسط ارزیابان متخصص و مستقل انجام می‌شود تا اطمینان حاصل شود که ارزش‌گذاری منصفانه و بی‌طرفانه است. در ادامه این کتاب، روش‌های رایج ارزش‌گذاری ملک به تفصیل توضیح داده شده است، که دانش و درک عمیق‌تری از این فرآیند مهم را به خوانندگان ارائه می‌دهد.

---

1. Value

برنامه‌ها و امکانات ویژه وام مسکن

در دنیای پیچیده و گسترده وام‌های مسکن، گزینه‌ها و برنامه‌های متنوعی وجود دارد که هر یک شرایط و ویژگی‌های خاص خود را دارند. این برنامه‌ها به‌گونه‌ای طراحی شده‌اند که بتوانند نیازها، اهداف و شرایط مختلف افراد را پوشش دهند. متقاضیان وام مسکن می‌توانند با آشنایی با این امکانات ویژه، گزینه‌ای را انتخاب کنند که بیشترین هم‌خوانی را با وضعیت مالی و برنامه‌ریزی آینده‌شان دارد. در ادامه به معرفی و بررسی چند مورد از این برنامه‌ها و گزینه‌های خاص در حوزه وام مسکن می‌پردازیم:

وام قابل انتقال بین املاک[1]

انتقال وام یا "Port" کردن وام مسکن به معنی انتقال وام مسکن فعلی به یک ملک جدید بدون نیاز به تسویه آن وام و گرفتن یک وام جدید است. این روش برای کسانی که خواهان حفظ نرخ بهره و شرایط مطلوب وام خود هستند هنگام جابجایی مفید است و از پرداخت هزینه‌های جریمه‌ی احتمالی ناشی از بازپرداخت زودهنگام وام پیشگیری می‌کند. لازم به ذکر است که وام باید دارای قابلیت انتقال باشد و وام‌گیرنده باید مجدداً واجد شرایط وام شناخته شود.

زمانی که فردی قصد دارد وام مسکن فعلی خود را به ملک جدیدی پورت کند اما به مبلغ بیشتری نسبت به وام اولیه نیاز دارد، بانک معمولاً یکی از دو روش زیر را به کار می‌برد:

انتقال به همراه افزایش[2]

در روش اول، که به آن "انتقال به همراه افزایش" گفته می‌شود، بانک مبلغ اولیه وام را با همان شرایط قبلی (از جمله نرخ بهره، مدت باقی‌مانده و ترم) به ملک جدید منتقل می‌کند. سپس بخش اضافی وام را که مشتری برای خرید ملک جدید نیاز دارد، به صورت یک وام جدید با نرخ بهره روز بازار در اختیار او قرار می‌دهد. در این حالت، مشتری دو بخش وام خواهد داشت: یکی با نرخ قدیمی و یکی با نرخ جدید. هرچند این دو بخش ممکن است نرخ بهره متفاوتی داشته باشند، اما معمولاً پرداخت هر دو بخش در قالب یک قسط ماهانه تجمیع می‌شود تا فرآیند بازپرداخت برای مشتری ساده‌تر باشد.

---

1. Portable Mortgage
2. Port and increase

ادغام و افزایش[1]

روش دوم بدین صورت است که بانک کل مبلغ جدید وام (مبلغ فعلی به اضافه مبلغ افزوده‌شده) را در قالب یک وام واحد به مشتری ارائه می‌دهد. نرخ بهره این وام جدید، ترکیبی از نرخ وام قبلی و نرخ بهره روز بازار است و به صورت میانگین وزنی محاسبه می‌شود؛ به این معنا که نرخ بهره نهایی بسته به سهم هر بخش از مبلغ کل وام، بین نرخ قدیمی و نرخ جدید تنظیم می‌شود. در این حالت، مشتری فقط یک وام با یک نرخ بهره ترکیبی و یک قسط خواهد داشت، که از نظر مدیریتی ساده‌تر و قابل پیش‌بینی‌تر است.

در هر دو حالت، بانک معمولاً از مشتری می‌خواهد که مجدداً شرایط مالی خود را اثبات کند تا از نظر درآمد، نسبت بدهی به درآمد و وضعیت اعتباری واجد شرایط وام جدید باشد. همچنین ممکن است ارزیابی جدید ملک و پرداخت هزینه‌های اداری نیز لازم باشد. انتخاب بین این دو روش به سیاست بانک، نرخ‌های موجود، شرایط وام‌گیرنده و نحوه برنامه‌ریزی مالی او بستگی دارد.

ترکیب و طولانی کردن[2]

وقتی کسی وام مسکن دارد ولی نمی‌خواهد آن را پورت کند یا خانه‌اش را عوض کند، اما تمایل دارد از نرخ بهره فعلی بازار که پایین تر است بهرمند شود، می‌تواند از روشی به نام ترکیب و طولانی کردن استفاده کند. این روش معمولاً زمانی استفاده می‌شود که وام‌گیرنده هنوز در وسط ترم وام خودش قرار دارد ولی نمی‌خواهد جریمه‌ی شکستن قرارداد قبلی را بدهد، و ترجیح می‌دهد نرخ بهتری بگیرد و مدت وامش را هم تمدید کند.

در این روش، بانک نرخ سود قبلی و نرخ سود جدید را با هم ترکیب می‌کند. بعد از آن، وام‌گیرنده یک نرخ ترکیبی جدید دریافت می‌کند که معمولاً پایین‌تر از نرخ قبلی او است، ولی بالاتر از نرخ فعلی بازار. این یعنی شما نرخ سود را کاهش می‌دهید، ولی نه به اندازه‌ی نرخ جدید بازار، چون بانک برای اینکه قرارداد قبلی را نشکنید، از این روش ترکیبی استفاده می‌کند. در کنار این کار، بانک مدت‌زمان ترم وام را هم تمدید[3] می‌کند. برای مثال، اگر از ترم ۵ ساله‌ی وام‌تان ۲ سال گذشته باشد و شما الان "blend and extend" کنید، ممکن است یک ترم جدید ۵ ساله با نرخ ترکیبی برایتان شروع شود، از همین امروز.

---

1. Blend and Increase
2. Blend and Extend
3. Extend

مزیت این روش این است که شما می‌توانید بدون پرداخت جریمه‌ی سنگین، از نرخ‌های بهتر بازار استفاده کنید و وام‌تان را برای مدت بیشتری قفل کنید. عیب آن این است که نرخ نهایی شما همچنان مقداری بالاتر از نرخ‌های فعلی بازار خواهد بود، چون ترکیبی از نرخ قبلی و نرخ جدید است. در کل، Blend and Extend بیشتر برای کسانی خوب است که نمی‌خواهند جریمه بدهند ولی می‌خواهند از شرایط بهتر بازار هم بهره‌مند شوند، و برای چند سال آینده خیالشان از بابت نرخ بهره راحت باشد.

وام پل[1]

تأمین مالی پل یک راه‌حل مالی موقتی است که در زمان خرید و فروش به کار می‌رود تا به خریداران کمک کند در دوره‌ی انتقالی بین دو معامله‌ی فروش و خرید، پول لازم را تأمین کنند. برای مثال، فرض کنید شما قرارداد خرید خانه‌ی جدیدی را قطعی کرده‌اید ولی هنوز خانه‌ی فعلی‌تان را سند نزده‌اید تا پول فروش را دریافت کنید، هرچند قرارداد قطعی فروش را در دست دارید. در این شرایط، شما برای پرداخت پیش‌پرداخت خانه‌ی جدید نیاز به پول دارید، اما منابع مالی‌تان در خانه‌ی فعلی شما بلوکه شده است.

در اینجا، وام پل به شما امکان می‌دهد مبلغ لازم برای خرید خانه‌ی جدید را دریافت کنید، و به‌محض اینکه خانه‌ی قدیمی‌تان فروخته شود، می‌توانید این وام را بازپرداخت کنید. این نوع وام‌ها معمولاً دوره‌های کوتاهی دارند (چند ماه تا یک سال) و نرخ بهره‌ای بالاتر از وام‌های استاندارد دارند، به‌دلیل اینکه ریسک بیشتری برای وام‌دهنده به همراه دارند.

یکی دیگر از کاربردهای وام پل در مواقعی است که فروشنده‌ای می‌خواهد ملکی را بفروشد اما نیاز به پول برای تعمیر و نوسازی دارد تا بتواند ارزش فروش بیشتری کسب کند. وام پل می‌تواند منبع مالی لازم برای انجام این تعمیرات را پیش از فروش فراهم کند و به‌محض فروش ملک، وام بازپرداخت می‌شود. در این حالت، خانه باید وارد قرارداد فروش شده باشد (یعنی قرارداد فروش قطعی با خریدار داشته باشد، ولی هنوز پول دریافت نشده باشد). مؤسسه‌ی وام‌دهنده ممکن است بر اساس ارزش آن فروش، وام پل را به او بدهد. این وام موقت می‌تواند برای پرداخت هزینه‌های تعمیرات، به‌روزرسانی، نقاشی، یا هر کار دیگری استفاده شود که به فروش بهتر کمک می‌کند.

استفاده از تأمین مالی پل نیاز به برنامه‌ریزی دقیق دارد، زیرا در صورتی که فروش ملک قدیمی به تعویق بیفتد یا به هر دلیلی نتوانید وام را به‌موقع تسویه کنید، ممکن است در موقعیت مالی

---

1. Bridge Financing

دشواری قرار بگیرید. به همین دلیل، توصیه می‌شود پیش از دریافت چنین وامی، با یک مشاور صحبت کنید تا از تمام ریسک‌ها و فرصت‌های موجود آگاه باشید.

وام فروشنده[1]

"وام فروشنده" (VTB)، یک راهکار مالی خلاقانه است که در آن فروشنده نقش نهاد وام‌دهنده را ایفا می‌کند، با این تفاوت که وام مورد نظر مستقیماً توسط فروشنده به خریدار پیشنهاد و ارائه می‌شود. این سازوکار امکان پرداخت بخشی از هزینه‌ی خرید ملک را به‌صورت وام بازپرداختی فراهم می‌کند که شرایط آن، از جمله نرخ بهره و مدت بازپرداخت، پیشاپیش بین خریدار و فروشنده تعیین و در قرارداد فروش ثبت می‌شود. این فرآیند به خریدار اجازه می‌دهد مبلغ وام را بر اساس توافق‌نامه، مستقیماً به فروشنده پرداخت کند.

این شیوه‌ی مالی به‌ویژه برای خریدارانی که قادر به تأمین وام کافی از بانک نیستند، بسیار سودمند است. VTB، علاوه بر افزایش دسترسی خریدار به املاک، فروشندگان را نیز قادر می‌سازد تا به بازار گسترده‌تری از خریداران دست یابند و فرآیند فروش خود را تسریع کنند. این روش، با ایجاد انعطاف‌پذیری مالی، می‌تواند به یک استراتژی مؤثر برای تسهیل معاملات املاک تبدیل شود، به‌ویژه در شرایطی که دسترسی به تسهیلات بانکی محدود است.

وام مسکن قابل انتقال بین مالکان[2]

"وام قابل انتقال بین مالکان" اصطلاحی است که به نوعی از وام مسکن اشاره دارد که امکان انتقال مسئولیت بازپرداخت آن از فروشنده به خریدار جدید ملک وجود دارد. این ویژگی به خریدار اجازه می‌دهد که وام موجود را با شرایط کنونی آن، از جمله نرخ بهره، تصاحب کند و به پرداخت اقساط باقی‌مانده ادامه دهد.

این گزینه، به‌ویژه در شرایطی که نرخ بهره‌های فعلی وام کمتر از نرخ‌های موجود در بازار است، می‌تواند برای خریداران جذاب باشد؛ زیرا این امکان را به آن‌ها می‌دهد که از شرایط مالی مطلوب‌تری بهره‌مند شوند، بدون آن‌که نیازی به جستجو و تأمین مالی جدید با نرخ بهره‌های بالاتر باشد.

با این حال، فرآیند انتقال وام قابل انتقال نیازمند تأییدیه‌ی بانک یا مؤسسه‌ی مالی وام‌دهنده است، که در آن اعتبار و شرایط مالی خریدار جدید مورد ارزیابی قرار می‌گیرد. همه‌ی وام‌ها

---

1. Vendor Take Back Mortgage
2. Assumable Mortgage

قابل انتقال نیستند، لذا لازم است که پیش از اقدام برای این نوع از معامله، خریدار و فروشنده به‌دقت شرایط و قوانین مربوطه را با مؤسسه‌ی مالی مربوطه بررسی کنند تا از امکان اجرای این گزینه مطمئن شوند.

داشتن حساب اعتباری به پشتوانه ملک[1]

حساب اعتباری با پشتوانه‌ی ملکی و یا اختصار (HELOC)، یک راهکار مالی است که به دارندگان خانه اجازه می‌دهد تا بخشی از ارزش ملک خود را به شکل وام دریافت کنند. این سیستم اعتباری می‌تواند به‌عنوان تنها بدهی روی ملک باشد یا به همراه وام مسکن (مورگیج) استفاده شود. بزرگ‌ترین ویژگی HELOC، انعطاف‌پذیری آن است؛ اعتبار در دسترس قرار دارد و وام‌گیرنده می‌تواند هر زمان که نیاز دارد از آن برداشت کند، بهره فقط بر روی مبلغ استفاده‌شده پرداخت می‌شود و با بازپرداخت وجه، دیگر بهره‌ای از آن تاریخ پرداخت نمی‌شود. نرخ بهره برای HELOC معمولاً کمی بیشتر از وام مسکن است اما بسیار کمتر از حساب‌های اعتباری بدون پشتوانه.

در صورتی که HELOC به‌تنهایی دریافت شود، معمولاً می‌توان تا ۶۵ درصد از ارزش خانه وام دریافت کرد، اما اگر به همراه یک مورگیج باشد، این میزان می‌تواند تا ۸۰ درصد از ارزش خانه افزایش یابد. مانند یک کارت اعتباری، HELOC به شما اجازه می‌دهد که تا سقف مشخصی از اعتبار خود پول برداشت کنید و در عین حال، از ارزش خانه‌تان به‌عنوان ضمانت استفاده می‌شود. این امر از ریسک اعتباری بانک می‌کاهد و به نفع وام‌گیرنده است.

این ساختار اعتباری با انعطاف‌پذیری بالا و شرایط بازپرداخت قابل تنظیم، فرصتی را برای دارندگان ملک فراهم می‌آورد تا بر اساس نیازهای مالی خود و بدون نیاز به دریافت وام‌های جدید، از ارزش ملک خود بهره‌برداری کنند. این امکان، هم برای تأمین مالی پروژه‌های بهسازی منزل و هم برای مواقعی که نیاز به نقدینگی اضطراری یا سرمایه‌گذاری دارید، می‌تواند گزینه‌ای ارزشمند باشد.

تصور کنید ارزش خانه‌ی شما ۱،۰۰۰،۰۰۰ دلار است و شما ۶۰۰،۰۰۰ دلار از آن را وام گرفته‌اید. بر اساس شرایط بانکی، ممکن است بتوانید تا ۸۰ درصد از ارزش خانه، یعنی تا سقف ۲۰۰،۰۰۰ دلار را در قالب یک خط اعتباری مسکونی دریافت کنید. لازم به ذکر است که سقف وام قابل دریافت از HELOC بر اساس سیاست‌های هر بانک متفاوت است.

---

1. Home Equity Line of Credit

در دوران استفاده از HELOC، شما موظف به پرداخت فقط بهره‌ی مبلغ برداشت‌شده هستید و می‌توانید هر زمان که خواستید، مبلغ برداشت‌شده را تسویه کنید، که این امر منجر به قطع پرداخت بهره می‌شود. از ویژگی‌های منحصربه‌فرد برخی بانک‌ها، امکان تبدیل قسمتی از وام مسکن به HELOC یا بالعکس است، که این، انعطاف‌پذیری بیشتری را در مدیریت مالی فراهم می‌آورد.

بیایید به هر دو سناریو نگاه کنیم:

۱. تبدیل مورگیج به HELOC:

وقتی شما مورگیج خود را به HELOC تبدیل می‌کنید، وام شما از ساختار ثابت وام به ساختار اعتباری تبدیل می شود. یکی از پرکاربردترین موارد انجام این کار این است که شما پولی بدست آورده اید و می خواهید با این پول مقدار وام خود را کم کنید تا بهره کمتری پرداخت کنید. با پرداخت پول و تبدیل وام به اعتبار شما هر زمان که بخواهید به آن پول دسترسی دارید و تا آن زمان بهره‌ای پرداخت نمی کنید. توجه داشته باشید که قبل از انجام این کار باید مطمئن شوید که تا چه درصدی از موگیج را می توانید بدون پرداخت جریمه تسویه کنید.

۲. تبدیل HELOC به مورگیج:

اگر شما تصمیم بگیرید HELOC خود را به یک وام مورگیج تبدیل کنید، شما از یک ساختار متغیر به یک ساختار ثابت می‌روید. این در موارد زیر ممکن است مناسب باشد:

- **پایداری:** اگر شما می‌خواهید پرداخت‌های ماهیانه ثابت داشته باشید و از نوسانات نرخ بهره جلوگیری کنید، وام مورگیج می‌تواند گزینه بهتری باشد.

- **نرخ بهره مناسب:** اگر نرخ‌های بهره برای وام‌های مورگیج در حال حاضر پایین است، تبدیل کردن HELOC به وام مورگیج می‌تواند شما را در مقابل افزایش نرخ‌ها در آینده محافظت کند.

- **باز پرداخت در طولانی مدت با ساختار وام ثابت:** برخی از افراد ترجیح می‌دهند که پول را در بلند مدت و با یک ساختار وام ثابت بازپرداخت کنند تا بتوانند بودجه خود را بهتر مدیریت کنند.

بهره وام‌های با پشتوانه از وامهای بدون پشتوانه خیلی پایینتر است. به همین دلیل، HELOC می‌تواند ابزار مفیدی برای پروژه‌های بهسازی منزل، سرمایه‌گذاری در کسب و کار، پرداخت هزینه‌های غیرمترقبه یا هر نوع نیاز مالی دیگر باشد. اما مهم است که به یاد داشته باشید چون خانه‌ی شما به عنوان ضمانت استفاده می‌شود، اگر قادر به پرداخت نبودید، خطر از دست دادن خانه وجود دارد. در نهایت، تصمیم به تبدیل مورگیج به HELOC یا برعکس باید بر اساس نیازها و شرایط مالی فردی شما باشد. قبل از اتخاذ تصمیم، مشاوره با یک مشاور مالی یا کارشناس وام می‌تواند مفید باشد.

وام مخصوص پزشکان تازه‌کار[1]

این وام اختصاصی برای پزشکانی طراحی شده است که به‌تازگی از دانشگاه فارغ‌التحصیل شده‌اند و هنوز به سطح درآمدی بالایی نرسیده‌اند. بانک‌ها با در نظر گرفتن رشته و تخصص پزشکی فرد، آینده‌ی درآمدی او را تحلیل کرده و بر اساس این پیش‌بینی، تسهیلات مالی مناسب ارائه می‌دهند. این رویکرد به پزشکان جوان کمک می‌کند با آسودگی خاطر بیشتری مسیر حرفه‌ای خود را آغاز کنند، بدون نگرانی از فشارهای مالی اولیه.

وام مخصوص افراد با دارایی نقدشونده‌ی بالا[2]

این برنامه‌ی وام برای افرادی طراحی شده است که دارای دارایی‌های مالی قابل‌توجه و به‌راحتی قابل‌تبدیل به وجه نقد (Liquid Assets) هستند. این دارایی‌ها می‌توانند شامل پول نقد، سهام، صندوق‌های سرمایه‌گذاری قابل برداشت، یا سایر سرمایه‌گذاری‌هایی باشند که با سرعت و سهولت قابل نقد شدن‌اند.

ویژگی اصلی این نوع وام آن است که به متقاضیان اجازه می‌دهد مبالغی بسیار بالاتر از سقف معمول وام‌های مسکنی که با درآمد خود واجد شرایط می‌شوند دریافت کنند. به‌عنوان مثال، اگر فردی با درآمد فعلی خود قادر به دریافت وامی معادل ۶۰۰٬۰۰۰ دلار باشد، اما در کنار پیش‌پرداخت خانه، ۴۰۰٬۰۰۰ دلار نیز در بازار سهام داشته باشد (بدون تمایل به استفاده از آن)، بانک ممکن است با در نظر گرفتن این دارایی‌ها، وامی تا حدود ۱ میلیون دلار در اختیار او بگذارد. پیش‌پرداخت موردنیاز برای این نوع وام‌ها معمولاً بین ۲۰ تا ۳۵ درصد است که بسته به شرایط متغیر خواهد بود. مشاوره با یک متخصص وام مسکن برای بررسی گزینه‌های موجود، قویاً توصیه می‌شود.

---

1. Projected Income Mortgage
2. High Net Worth Mortgage

وام مخصوص تازه‌واردان[1]

وام مسکن برای تازه‌واردان یا Newcomers یکی از برنامه‌های ویژه‌ای است که توسط برخی بانک‌ها و مؤسسات مالی در کانادا ارائه می‌شود. معمولاً متقاضیانی که حداکثر تا پنج سال از تاریخ دریافت اقامت دائمشان گذشته باشد، واجد شرایط این برنامه محسوب می‌شوند. این وام به‌منظور کمک به مهاجرانی طراحی شده است که به‌تازگی وارد کانادا شده‌اند و ممکن است هنوز سابقه کاری و اعتباری کافی در کشور نداشته باشند.

اگر متقاضی دارای درآمد رسمی در کانادا باشد و بیمه وام (Mortgage Insurance) تهیه کند، بانک‌ها ممکن است با پیش‌پرداختی کمتر از ۲۰درصد نیز موافقت کنند. همچنین، در مواردی که متقاضی توانایی پرداخت ۳۵ درصد پیش‌پرداخت و مبلغی معادل یک سال هزینه مالکیت خانه را داشته باشد، بانک ممکن است درآمد خارج از کانادا را نیز بپذیرد و معیارهای انعطاف‌پذیرتری برای تأیید وام در نظر بگیرد.

وام خرید به‌همراه بازسازی[2]

این وام نوعی وام خاص است که به خریداران اجازه می‌دهد هزینه‌های مربوط به بازسازی و بهبود ملک مورد نظر خود را به مبلغ وام اصلی خرید اضافه کنند. این گزینه به‌ویژه برای خریدارانی مفید است که خانه‌ای نیازمند تعمیرات خریداری می‌کنند.

ویژگی‌های کلیدی این وام عبارت‌اند از:

۱. **بودجه‌ریزی برای بهبودها:** خریدار باید فهرستی از تعمیرات مورد نظر و برآورد هزینه‌ها (معمولاً با ارائه پیش‌فاکتور از پیمانکار معتبر) ارائه دهد.

۲. **افزودن هزینه‌ها به وام اصلی:** هزینه‌های بازسازی به مبلغ وام خرید اضافه می‌شود، مشروط بر اینکه ملک پس از بهبود، از نظر ارزش وام‌دهنده قابل‌قبول باشد.

۳. **پرداخت مبلغ بازسازی:** پس از انجام تعمیرات و تایید آن‌ها از سوی بانک، مبلغ مربوطه به خریدار یا مستقیماً به پیمانکار پرداخت می‌شود.

۴. **استفاده از ارزش افزایش‌یافته ملک:** این نوع وام به خریدار امکان می‌دهد از ارزش بالاترِ ملکِ بازسازی‌شده برای افزایش سقف وام خود بهره ببرد.

---

1. New to Canada Program
2. Purchase Plus Improvements

لازم است ملک انتخابی و برنامه‌ی بازسازی ارائه‌شده، از سوی بانک تأیید شوند. این برنامه می‌تواند گزینه‌ای جذاب برای خریدارانی باشد که خانه‌هایی با قیمت مناسب اما نیازمند نوسازی را هدف قرار داده‌اند. مشورت با مشاور مالی پیش از انتخاب این نوع وام، ضروری است.

وام مخصوص صاحبان مشاغل[1]

بانک‌ها و نهادهای مالی، با درک چالش‌هایی که افراد خوداشتغال در اثبات درآمد خود با آن مواجه هستند، برنامه‌هایی ویژه طراحی کرده‌اند که به این دسته از متقاضیان امکان می‌دهد علاوه بر درآمد شخصی، بخشی از درآمد خالص کسب‌وکار خود را (پس از کسر هزینه‌های مرتبط از جمله مالیات)، به عنوان درآمد قابل‌محاسبه برای دریافت وام مسکن اعلام کنند. این برنامه‌ها با در نظر گرفتن سهم قانونی متقاضی در کسب‌وکار، به او این امکان را می‌دهند تا با نشان دادن ظرفیت درآمدی بالاتر، برای دریافت مبلغ وام بیشتر با شرایط مناسب‌تر اقدام کند.

وام بر اساس درآمد اظهارشده[2]

وام مسکن «درآمد اظهارشده» برای افراد خوداشتغالی طراحی شده است که قادر به اثبات رسمی درآمد خود از طریق اسناد مالی متداول نیستند. در این روش، متقاضی درآمد خود را اعلام می‌کند، اما این عدد باید منطقی و قابل‌قبول باشد. این نوع وام معمولاً با نرخ بهره بالاتر و شرایط سخت‌گیرانه‌تری مانند نیاز به پیش‌پرداخت بالا (مثلاً ۳۵ درصد) یا خرید بیمه وام همراه است. همچنین ممکن است وام‌دهنده بررسی دقیق‌تری از اعتبار و دارایی‌های متقاضی انجام دهد. این نوع وام باید منطبق بر ضوابط شرکت‌های بیمه‌گر باشد. در مجموع، این گزینه برای افرادی با ساختار درآمدی غیرمعمول، یک فرصت است، اما نیاز به بررسی دقیق مزایا و هزینه‌ها دارد.

---

1. Business-for-self / Self-employed
2. Stated Income Mortgage

وام مخصوص افراد بالای ۵۵ سال

وام معکوس[1]، عمدتاً برای افراد ۵۵ سال به بالا طراحی شده است تا بدون فروش خانه یا پرداخت اقساط ماهانه، بتوانند از سرمایه‌ای که در ملکشان ایجاد شده بهره‌برداری کنند. این بهره‌برداری می‌تواند به صورت دریافت یک‌جای وجه نقد یا پرداخت‌های ماهیانه انجام شود.

کاربردهای رایج:

۱. خرید ملک جدید

۲. تأمین درآمد دوران بازنشستگی

۳. پوشش هزینه‌های درمانی

۴. انجام تعمیرات یا بهبود منزل

۵. پرداخت بدهی‌های با بهره بالا

۶. سفر و تفریح در دوران بازنشستگی

۷. کمک مالی به اعضای خانواده

کارکرد ریورس مورگیج:

۱. تبدیل سرمایه به پول نقد: صاحب خانه می‌تواند بخشی از ارزش خانه‌اش را به پول نقد تبدیل کند.

۲. دریافت ماهانه: پرداخت‌های ماهانه از وام دهنده به صاحب خانه انجام می‌شود، نه بالعکس.

۳. حفظ مالکیت: صاحب خانه مالکیت خود را حفظ می‌کند تا زمانی که در خانه زندگی می‌کند.

برای استفاده از این وام لازم به دانستن نکات زیر است:

● **محدودیت‌ها:** مبلغ وامی که می‌توان گرفت، بستگی به چندین عامل دارد، از جمله سن، ارزش و مکان ملک.

● **جنبه‌های قانونی:** تعهد به حفظ و نگهداری از ملک و پرداخت مالیات‌ها و بیمه‌ها.

● **پایان وام:** وام معمولاً زمانی تسویه می‌شود که وام‌گیرنده فوت کند یا خانه را بفروشد.

● **حداکثر مقدار وام:** معمولاً حداکثر وام تا ۵۵ ارزش ملک است.

---

1. Reverse Mortgage

استفاده از ریورس مورگیج برای خرید ملک می‌تواند یک گزینه جذاب باشد، اما مهم است که تمام جنبه‌ها و ریسک‌های مرتبط با آن به دقت بررسی شود. همچنین، مشاوره با یک متخصص مالی و قانونی به شدت توصیه می‌شود تا تمام جوانب وام و تاثیر آن بر مالیات و برنامه‌ریزی میراث مورد بررسی قرار گیرد.

وام مسکن با چندین وثیقه [1]

وام Inter Alia، به معنای "در میان سایر موارد"، نوعی وام است که در آن چند دارایی به‌طور هم‌زمان به عنوان وثیقه برای دریافت وام استفاده می‌شود. این نوع وام اغلب در شرایطی کاربرد دارد که متقاضی دارای چند ملک است و می‌خواهد با ترکیب ارزش آن‌ها، وام بیشتری دریافت کند.

کاربردهای رایج:

۱. تأمین مالی برای چند ملک به‌طور هم‌زمان
۲. مذاکره برای نرخ بهره پایین‌تر یا بازپرداخت طولانی‌تر
۳. کاهش ریسک برای وام‌دهنده از طریق داشتن وثیقه‌های متعدد
۴. تأمین سرمایه برای پروژه‌های توسعه املاک

نکات کلیدی:

- ارزیابی جداگانه برای هر دارایی
- توجه به پیچیدگی‌های حقوقی قرارداد
- بررسی دقیق هزینه‌ها، تعهدات و ریسک‌ها

این نوع وام برای سرمایه‌گذاران حرفه‌ای و توسعه‌دهندگان ملکی بسیار کاربردی است، ولی نیازمند مشاوره تخصصی و بررسی دقیق شرایط است.

---

1. Inter Alia Mortgage or Blanket Mortgage

وام ساخت‌وساز[1]

وام ساخت‌وساز مخصوص متقاضیانی است که قصد دارند خانه‌ای را از ابتدا بسازند. برخلاف وام‌های معمولی که کل مبلغ وام به‌صورت یک‌باره پرداخت می‌شود، در وام ساخت‌وساز، پرداخت‌ها مرحله‌به‌مرحله و بر اساس پیشرفت فیزیکی پروژه انجام می‌شود.

مراحل پرداخت معمولاً شامل:

- اجرای فونداسیون
- اسکلت‌بندی (Framing)
- مرحله Lock-up (نصب در و پنجره و بستن دیوارها)
- اجرای دیوار داخلی (Drywall stage)
- تکمیل نهایی (Completion)

هر مرحله پس از بازدید و تأیید بازرس آزاد می‌شود. مدارک لازم برای درخواست شامل نقشه معماری، برآورد هزینه، جدول زمانی ساخت، مشخصات سازنده و مدارک مالی متقاضی است.

در دوران ساخت، فقط بهره مبلغ استفاده‌شده پرداخت می‌شود و پس از تکمیل پروژه، وام معمولاً به وام مسکن عادی (Take-out Mortgage) تبدیل می‌شود یا با فروش ملک تسویه می‌شود.

در پایان، وجود این تنوع در انواع وام‌های مسکن نشان می‌دهد که شناخت دقیق شرایط فردی و انتخاب آگاهانه وام مناسب اهمیت زیادی دارد. همکاری با یک مشاور وام مسکن حرفه‌ای که با ساختارهای مالی، نهادهای وام‌دهنده و مقررات بیمه آشنایی دارد، می‌تواند روند دریافت وام را بسیار مؤثرتر و مطمئن‌تر سازد.

---

1. Construction Mortgage

استفاده از ضامن یا شریک برای گرفتن وام[1]

استفاده از ضامن یا شریک در فرآیند دریافت وام مسکن می‌تواند راه‌حلی برای افرادی باشد که فاقد درآمد یا اعتبار کافی هستند. در مواقعی که فرد توانایی دریافت وام به‌تنهایی را ندارد، وجود یک شریک یا ضامن می‌تواند این فرآیند را ممکن سازد.

شریک به این معناست که فرد به‌صورت مشترک در مالکیت خانه سهیم می‌شود و نام او در اسناد مالکیت نیز ثبت خواهد شد. این موضوع به او اجازه می‌دهد که در پرداخت‌های وام نیز شریک باشد و همچنین مسئولیت‌های مربوط به ریسک‌های مالی و دارایی را بر عهده بگیرد.

در مقابل، ضامن هیچ سهمی در مالکیت ملک ندارد و تنها در صورتی که وام‌گیرنده اصلی قادر به ادامه پرداخت‌ها نباشد، مسئولیت بازپرداخت وام را بر عهده خواهد گرفت. نقش ضامن بیشتر به‌عنوان تضمینی برای بانک عمل می‌کند تا اطمینان حاصل شود که در صورت بروز مشکلات مالی برای وام‌گیرنده، وام به‌طور کامل بازپرداخت می‌شود. نکته مهم این است که مبلغ وام به‌عنوان بدهی در پرونده اعتباری ضامن ثبت می‌شود و ممکن است در صورت نیاز به دریافت وام جدید، برای او مشکل‌ساز باشد.

خروج از نقش ضامن یا شریک بستگی به شرایط مالی وام‌گیرنده اصلی دارد. در صورتی که وضعیت مالی او بهبود یابد، ممکن است امکان پایان دادن به تعهدات ضامن یا شریک فراهم شود. با این حال، خروج شریک معمولاً پیچیده‌تر و پرهزینه‌تر است، چرا که نیازمند تغییر در سند مالکیت و وام است، در حالی که خروج از نقش ضامن معمولاً ساده‌تر بوده و نیاز به تغییرات قانونی کمتری دارد.

در مجموع، هر دوی این گزینه‌ها دارای مزایا و معایب خاص خود هستند. انتخاب بین ضامن شدن یا شریک شدن باید با توجه به وضعیت مالی، میزان ریسک‌پذیری و آمادگی فرد برای پذیرش مسئولیت‌ها صورت گیرد.

1. Co-Signer vs. Guarantor

نکاتی برای مدت زمان بین گرفتن تاییدیه وام تا ثبت سند

بین دریافت تاییدیه وام و زمان ثبت رسمی سند ملک، حفظ وضعیت مالی و اعتباری که بر اساس آن وام تأیید شده، اهمیت حیاتی دارد. برای حفظ تاییدیه و جلوگیری از لغو وام، رعایت نکات زیر ضروری است:

۱. **ثبات شغلی:** تغییر شغل یا منبع درآمد در این دوره می‌تواند باعث نگرانی وام‌دهنده شود. این موضوع ممکن است به بازبینی شرایط یا حتی لغو وام منجر شود، زیرا ثبات شغلی نشان‌دهنده توانایی بازپرداخت منظم وام است.

۲. **درخواست نکردن اعتبار جدید:** گرفتن کارت اعتباری جدید یا وام تازه، می‌تواند باعث کاهش امتیاز اعتباری و افزایش بدهی‌های شما شود که ممکن است تاییدیه وام را به خطر بیندازد.

۳. **کنترل بدهی‌ها:** انجام خریدهای سنگین (مانند خودرو یا لوازم گران‌قیمت) که باعث افزایش بدهی می‌شود، نسبت بدهی به درآمد را بالا برده و می‌تواند منجر به لغو وام شود.

۴. **پرداخت به‌موقع اقساط:** عدم پرداخت به‌موقع بدهی‌ها می‌تواند امتیاز اعتباری را کاهش دهد و در صورت بررسی مجدد بانک، منجر به لغو تاییدیه وام شود.

۵. **شفافیت با کارفرما:** بانک ممکن است برای تایید درآمد با کارفرمای شما تماس بگیرد. عدم پاسخ‌گویی یا عدم همکاری کارفرما می‌تواند باعث تاخیر یا لغو وام شود. بهتر است کارفرما را از این موضوع مطلع سازید.

توجه داشته باشید که بانک تا لحظه پرداخت وجه به وکیل، می‌تواند به هر دلیلی (از جمله کشف اطلاعات نادرست یا تغییر شرایط مالی) وام را لغو کند. رعایت این موارد می‌تواند از بروز مشکل در روند خرید خانه جلوگیری کرده و از نظر بانک، اعتبار شما را حفظ کند.

هزینه‌های جانبی خرید خانه

در فرآیند خرید ملک، علاوه بر قیمت خرید، هزینه‌های جانبی متعددی وجود دارد که باید از قبل برای آن‌ها برنامه‌ریزی شود. این هزینه‌ها ممکن است بسته به نوع ملک، محل قرارگیری و جزئیات قرارداد متفاوت باشند.

مهم‌ترین هزینه‌ها عبارتند از:

۱. **هزینه‌های حقوقی:** استفاده از خدمات یک وکیل متخصص در امور ملکی برای انتقال وجوه، ثبت وام و انتقال مالکیت ضروری است. برای معاملات ساده‌تر مانند خرید خانه، امکان استفاده از خدمات دفتر اسناد رسمی یا Notary Public به عنوان گزینه‌ای اقتصادی‌تر وجود دارد. با این حال، در معاملات پیچیده‌تر نظیر خرید بیزینس‌ها، املاک تجاری، و وام‌های ساخت و ساز، استفاده از خدمات وکلا اجتناب‌ناپذیر است. در وام‌های خصوصی، معمولاً کلیه هزینه‌های مربوط به وام بر عهده وام‌گیرنده است، که شامل پرداخت هزینه‌های هر دو وکیل خود و وکیل وام‌دهنده می‌شود.

۲. **مالیات بر انتقال ملک**[1]: در اغلب استان‌های کانادا دریافت می‌شود و میزان آن به عوامل مختلفی از جمله ارزش ملک، موقعیت جغرافیایی، دلیل و شرایط خرید و خریدار بستگی دارد. در برخی شرایط امکان دریافت تخفیف یا معافیت وجود دارد.

۳. **مالیات بر کالا و خدمات (GST):** این مالیات معمولاً بر املاک تجاری، نوساز، صنعتی یا بازسازی‌شده اعمال می‌شود. املاک مسکونی قدیمی معمولاً از آن معاف هستند. توصیه می‌شود برای اطمینان، با وکیل مشورت شود.

۴. **هزینه‌های وام:** شامل هزینه ارزیابی، کارمزد بانک یا کارگزار، هزینه‌های پردازش و سایر هزینه‌های احتمالی می‌شود. در بسیاری موارد، کارگزار وام دستمزد خود را از بانک دریافت می‌کند، ولی اگر این‌طور نباشد، پرداخت آن بر عهده متقاضی خواهد بود.

---

1. Land Transfer Tax

۵. **ارزیابی**[1]: بانک معمولاً برای تأیید ارزش ملک، خواهان گزارش ارزیابی از سوی کارشناس مستقل است که هزینه آن بر عهده خریدار است.

۶. **بیمه سند مالکیت:** این بیمه از خریدار در برابر مشکلات احتمالی در مالکیت ملک محافظت می‌کند. بسیاری از بانک‌ها داشتن این بیمه را الزامی می‌دانند.

۷. **کمیسیون مشاور املاک:** معمولاً توسط فروشنده پرداخت می‌شود، اما در برخی موارد ممکن است خریدار نیز هزینه مشاور خود را پرداخت کند.

۸. **بازرسی ساختمان:** برای اطمینان از وضعیت فنی و ساختاری ملک، بازرسی توسط متخصص پیش از خرید توصیه می‌شود.

برای جلوگیری از هزینه‌های پیش‌بینی‌نشده، پیشنهاد می‌شود با مشاور املاک یا وکیل متخصص پیش از خرید مشورت نمایید.

---

1. Appraisal

خرید خانه

وظایف قانونی مشاوران املاک

در کانادا، مشاور املاکی که به‌عنوان نماینده شما عمل می‌کند، وظایف قانونی مشخص و مهمی در قبال شما دارد. این وظایف عبارت‌اند از:

۱. **وفاداری:** مشاور موظف است منحصراً به نفع شما عمل کند و تمامی تصمیمات خود را با در نظر گرفتن منافع شما اتخاذ نماید.

۲. **افشای کامل:** او باید تمامی اطلاعاتی را که ممکن است بر تصمیم‌گیری شما در یک معامله تأثیر بگذارد، بدون پنهان‌کاری در اختیار شما قرار دهد. این شامل جزئیاتی است که می‌تواند نتیجه معامله را دگرگون کند.

۳. **اجتناب از تضاد منافع:** مشاور باید از هرگونه شرایطی که ممکن است وفاداری او به شما را تحت تأثیر قرار دهد، اجتناب کند. در صورت بروز تضاد منافع، مکلف است بلافاصله شما را مطلع نماید.

۴. محرمانگی: او موظف است اطلاعات خصوصی و حساس شما را محرمانه نگه دارد و حتی پس از پایان رابطه کاری، بدون اجازه شما آن‌ها را فاش نکند

۵. پیروی از خواسته‌های قانونی مشتری: مشاور باید از خواسته‌های قانونی شما تبعیت کند، حتی اگر با دیدگاه شخصی او مغایرت داشته باشد. البته وی نباید دست به انجام فعالیت‌های غیرقانونی بزند، حتی به درخواست مشتری.

این وظایف تضمین می‌کنند که مشاور املاک شما با شفافیت و صداقت کامل در راستای منافع شما عمل کرده و در تمام مراحل معامله از حقوق شما محافظت می‌کند.

انتخاب مشاور املاک مناسب

انتخاب یک مشاور املاک مناسب در کانادا می‌تواند تأثیر بسزایی در کیفیت فرآیند خرید یا فروش ملک و نتایج حاصل از آن داشته باشد. برخلاف ایران، که مشاوران تنها به مجموعه محدودی از املاک در یک منطقه خاص دسترسی دارند، مشاوران املاک در کانادا به پایگاه داده‌ی جامع و متمرکزی به نام (MLS[1]) دسترسی دارند که اطلاعات دقیق املاک در تمامی مناطق را پوشش می‌دهد. این امر باعث می‌شود مشاور املاک بتواند گزینه‌های متنوعی را برای شما بررسی و معرفی کند.

از آنجا که یک مشاور کانادایی می‌تواند کل بازار را پوشش دهد، همکاری هم‌زمان با چند مشاور نه‌تنها ضرورتی ندارد بلکه می‌تواند به ایجاد تداخل، کاهش تمرکز مشاوران بر نیازهای شما، و پیچیده شدن روند معاملات منجر شود. به‌جای آن، بهتر است تنها با یک مشاور معتبر، با تجربه و خوش‌سابقه همکاری کنید.

برای انتخاب صحیح، نکات زیر را مد نظر قرار دهید:

○ **توصیه اطرافیان:** از دوستان، خانواده یا همکارانی که تجربه موفقی در معاملات ملکی در کانادا داشته‌اند، مشاوران مورد اعتماد را جویا شوید.

○ **مطالعه نظرات آنلاین:** وب‌سایت‌های املاک و شبکه‌های اجتماعی محل مناسبی برای بررسی تجربیات مشتریان پیشین هستند. البته ارزیابی منطقی و بی‌طرفانه‌ی نظرات اهمیت دارد.

---

1. Multiple Listing Service

○ **انجام مصاحبه:** با چند مشاور مختلف صحبت کرده و درباره تجربیات، تخصص‌ها و شیوه کاری‌شان اطلاعات کسب کنید.

○ **بررسی مجوز و مدارک:** اطمینان حاصل کنید که مشاور دارای مجوز رسمی و معتبر در استان مربوطه باشد.

○ **بررسی پیشینه تحصیلی و کاری:** مشاورانی با زمینه تحصیلی یا شغلی در حوزه‌هایی نظیر مهندسی ساختمان، امور مالی، یا اقتصاد معمولاً درک دقیق‌تری از بازار و شرایط آن دارند.

○ **تخصص کاری:** برخی مشاوران در حوزه خاصی مانند املاک مسکونی، تجاری یا پیش‌فروش‌ها تخصص دارند. مشاوری را انتخاب کنید که در حوزه مورد نظر شما تجربه داشته باشد.

○ **توان ارتباطی و درک نیاز مشتری:** مشاوری مناسب است که با دقت به حرف‌های شما گوش دهد، نیازهای‌تان را درک کند و بتواند با شما به‌صورت مؤثر ارتباط برقرار کند.

○ **تعهد کاری و پیگیری:** مشاور حرفه‌ای، همواره در دسترس است، به وعده‌های خود پایبند می‌ماند و در تمامی مراحل، شما را همراهی می‌کند.

فراموش نکنید که دانش و مهارت مشاور املاک می‌تواند مستقیماً بر سود یا زیان شما در معاملات تأثیرگذار باشد؛ بنابراین صرفاً به دلیل روابط شخصی یا خانوادگی نباید با فردی که فاقد تخصص کافی است همکاری کنید.

بهترین زمان خرید ملک

برای تشخیص زمان مناسب جهت خرید ملک، نکات زیر قابل توجه‌اند:

۱. تأثیر فصل‌ها:

در فصل‌هایی مانند زمستان یا تعطیلات پایان سال، بازار املاک معمولاً آرام‌تر است. فروشندگان در این دوره‌ها کمتر پیشنهاد دریافت می‌کنند، بنابراین ممکن است به پیشنهاد شما تمایل بیشتری نشان دهند.

۲. رفتار گله‌ای بازار:

درک این موضوع بسیار کلیدی است که بهترین خریدها معمولاً زمانی انجام می‌شود که اکثر افراد از بازار خارج شده‌اند. در زمان‌هایی که هیجان بازار باعث ورود هم‌زمان خریداران می‌شود، رقابت افزایش یافته و قیمت‌ها به‌صورت مصنوعی بالا می‌روند. سپس با خروج ناگهانی همان خریداران، بازار با افت قیمت مواجه می‌شود. این رفتار ناشی از دو احساس غالب است: **ترس و طمع.**

ترس ممکن است منجر به موارد زیر شود:

- تصمیم‌گیری‌های عجولانه و بدون بررسی کافی
- خرید ملک با قیمت بیش از ارزش واقعی
- خودداری از ورود به بازار و از دست دادن فرصت‌ها به دلیل نگرانی از نوسانات اقتصادی

طمع می‌تواند منجر به این موارد شود:

- ریسک‌پذیری بیش‌ازحد در خریدهای پرخطر
- ایجاد حباب قیمتی و ضرر پس از ترکیدن آن
- گرفتن وام‌های بزرگ‌تر از توان بازپرداخت و در نتیجه مشکلات مالی آتی

برای کاهش آسیب‌پذیری ناشی از این احساسات، توصیه می‌شود:

- تصمیم‌گیری خود را بر اساس تحلیل داده‌ها و اطلاعات معتبر انجام دهید.
- با کارشناسان املاک مشورت کنید.
- از تصمیم‌گیری‌های احساسی و واکنشی پرهیز کنید.
- مدیریت ریسک را جدی بگیرید.

در نهایت، بازار ملک ترکیبی از فرصت‌ها و تهدیدهاست. با آگاهی، مشاوره صحیح و پرهیز از هیجانات، می‌توانید خریدی مطمئن، منطقی و سودمند انجام دهید.

استفاده از شرایط فوری

طبیعتاً اگر فروشنده در شرایطی قرار دارد که باید ملک خود را فوراً به فروش برساند، این زمان می‌تواند فرصت مناسبی برای ارائه پیشنهاد خرید با قیمت مناسب‌تر باشد.

مدت زمان حضور ملک در بازار

اگر ملکی برای مدت طولانی (مثلاً چندین ماه) در بازار باقی مانده باشد، احتمال پذیرش پیشنهاد با قیمت پایین‌تر از سوی فروشنده بیشتر خواهد بود.

شرایط رکود یا نرخ بهره بالا

در دوره‌های رکود اقتصادی، کاهش تقاضا برای خرید ملک معمولاً به کاهش قیمت‌ها منجر می‌شود. این وضعیت، فرصتی مناسب برای خریداران فراهم می‌کند تا املاک را با قیمت پایین‌تری خریداری کنند. همچنین افزایش نرخ بهره وام مسکن، باعث کاهش قدرت خرید متقاضیان شده و به ایجاد رکود و افت قیمت خانه‌ها منجر می‌گردد. در چنین شرایطی، فروشندگان ممکن است برای جذب خریداران، تخفیف‌هایی ارائه دهند یا تمایل بیشتری برای مذاکره بر سر قیمت داشته باشند.

برعکس، در دوره‌هایی که نرخ بهره کاهش می‌یابد و دسترسی به وام ارزان‌تر می‌شود، تقاضا برای خرید ملک افزایش می‌یابد و همین امر منجر به بالا رفتن قیمت‌ها می‌شود. بنابراین، دوره‌هایی با نرخ بهره بالا می‌توانند فرصت مناسبی برای خرید ملک به شمار آیند، به شرط آنکه خریدار توانایی مدیریت شرایط را در چند سال ابتدایی داشته باشد تا نرخ بهره در چرخه بعدی کاهش یافته و ارزش ملک افزایش یابد. چنین دیدگاهی می‌تواند خرید ملک در این دوران را به یک سرمایه‌گذاری هوشمندانه تبدیل کند.

اهداف خرید ملک

ملک می‌تواند به دو منظور خریداری شود: برای سکونت شخصی یا سرمایه‌گذاری. هر یک از این اهداف، تأثیر قابل توجهی بر انتخاب نوع ملک و نوع وام دریافتی خواهد داشت.

سکونت شخصی:

در صورتی که ملک برای زندگی شخصی خریداری شود، عواملی همچون سلیقه و ترجیح فردی، موقعیت مکانی، نزدیکی به مدرسه یا محل کار، امکانات رفاهی اطراف، و کیفیت ساختمان از اهمیت بالایی برخوردارند.

هدف سرمایه‌گذاری

در مقابل، در خرید ملک با هدف سرمایه‌گذاری، اولویت با عواملی مانند بازده مالی، افزایش ارزش ملک در طول زمان، پتانسیل اجاره‌دهی، هزینه‌های نگهداری، و مالیات‌های مرتبط است. در این حالت ممکن است مناطقی مدنظر قرار گیرند که مناسب زندگی شخصی فرد نباشند، اما از نظر اقتصادی جذاب باشند.

به طور کلی، خرید ملک برای سکونت بیشتر تحت تأثیر عوامل احساسی و نیازهای خانوادگی قرار دارد، در حالی‌که خرید سرمایه‌گذاری بر تحلیل‌های اقتصادی و بازگشت سرمایه متمرکز است.

انواع خانه در کانادا

در کانادا انواع مختلفی از خانه‌ها وجود دارد که هر یک ویژگی‌ها، مزایا و محدودیت‌های خاص خود را دارند. در ادامه، نوع رایج آن یعنی کاندومینیوم مسکونی معرفی می‌شود:

کاندو یا کاندومینیوم مسکونی[1] :

در کانادا، بین "کاندومینیوم" و "آپارتمان" تفاوت وجود دارد، اما در میان ایرانیان، اغلب هر دو به یک معنا استفاده می‌شوند. کاندوها به سه دسته بر اساس ارتفاع تقسیم می‌شوند:

- برج‌های بلند[2]

- ساختمان‌های متوسط[3]

- ساختمان‌های کوتاه[4] ، معمولاً تا شش طبقه

این تنوع در ارتفاع، به نوبه خود باعث تفاوت در امکانات، طراحی و حتی قیمت ملک می‌شود. از نظر مصالح ساختمانی، ساختمان‌های بلند و متوسط معمولاً با بتن ساخته می‌شوند که دوام و مقاومت بیشتری دارند، در حالی که ساختمان‌های کوتاه‌تر معمولاً با سازه چوبی ساخته می‌شوند که ارزان‌تر اما با عمر مفید کوتاه‌تر هستند.

---

1. Condo or Condominium
2. High-Rise
3. Mid-Rise
4. Low-Rise

در کاندومینیوم، مالکیت محدود به فضای داخلی واحد است؛ یعنی خریدار مالک فضای بیرونی یا مشاعات نیست. همچنین ساکنان موظف به پرداخت شارژ ماهیانه‌ای تحت عنوان Strata Fee هستند که برای نگهداری از فضاهای عمومی، تعمیرات، بیمه ساختمان و خدمات مدیریتی مصرف می‌شود.

برخی از کاندوها دارای امکانات رفاهی همچون استخر، سالن ورزشی، سالن مهمانی، سوئیت مهمان، اتاق کار، کارواش، زمین بازی کودکان و امنیت ۲۴ ساعته هستند. این امکانات می‌توانند تجربه زندگی را لذت‌بخش‌تر کنند و همچنین برای سرمایه‌گذاران ارزش افزوده ایجاد نمایند.

این ساختار متنوع، انتخاب‌های مختلفی را پیش روی خریداران و سرمایه‌گذاران قرار می‌دهد تا بتوانند براساس اولویت‌ها و نیازهای شخصی یا اقتصادی، بهترین گزینه را برگزینند.

خانه‌های متصل[1]:

خانه‌های متصل معمولاً به صورت مجموعه‌ای از واحدهای به‌هم‌چسبیده طراحی می‌شوند و فضاهایی دلباز و چندطبقه با حیاط‌های خصوصی کوچک ارائه می‌دهند. این نوع خانه‌ها، که غالباً دو یا سه طبقه دارند، توازنی مطلوب میان حس استقلال خانه‌های مستقل و مزایای زندگی در یک مجموعه را فراهم می‌کنند.

از نظر ارزش ملکی، خانه‌های متصل در بازه‌ای بین خانه‌های مستقل و آپارتمان‌ها قرار دارند، که آن‌ها را به گزینه‌ای مناسب برای خریدارانی تبدیل می‌کند که به دنبال تعادلی میان قیمت و فضای زندگی هستند. این نوع املاک اغلب تحت مدیریت سازمانی به نام Strata اداره می‌شوند که مسئول نگهداری از فضاها و امکانات مشترک ساختمان است، در حالی که مالکین وظیفه رسیدگی به فضای داخلی واحد خود را بر عهده دارند. مالکان همچنین ملزم به پرداخت شارژ ماهانه[2] هستند که صرف هزینه‌های مربوط به نگهداری، تعمیرات، مدیریت و بیمه بخش‌های مشترک می‌شود. در برخی پروژه‌های ساختمانی، ترکیبی از آپارتمان و خانه‌های متصل ارائه می‌شود که به خریداران امکان بهره‌مندی از مزایای هر دو نوع ملک را می‌دهد. این طراحی ترکیبی، هم تنوع سبک زندگی را افزایش می‌دهد و هم امکان انتخاب گزینه‌ای متناسب با ترجیحات فردی را فراهم می‌آورد. در مجموع، خانه‌های متصل با ایجاد تعادلی خاص میان فضای شخصی و امکانات اشتراکی، گزینه‌ای ایده‌آل برای خانواده‌ها، زوج‌ها و حتی سرمایه‌گذارانی هستند که به دنبال سبک زندگی‌ای انعطاف‌پذیر و در عین حال اجتماعی، در بطن جوامع مسکونی می‌باشند.

---

1. Townhouse
2. Strata Fee

خانه‌های دو تا چهار واحدی[1]:

خانه‌های Duplex، Triplex و Fourplex در کانادا ساختمان‌هایی چندواحدی هستند که به ترتیب شامل دو، سه یا چهار واحد مسکونی مستقل می‌باشند. در بسیاری از موارد، این واحدها دارای سند تفکیکی هستند و هر واحد به‌طور جداگانه قابل خرید و فروش است. این نوع املاک معمولاً فاقد ساختار مدیریتی متمرکز نظیر شرکت‌های Strata هستند، و مسئولیت نگهداری بخش‌های مشترک به‌عهده مالکان واحدها است. حذف هزینه‌های ماهانه مدیریت (Strata Fee) یکی از مزایای مالی مهم این املاک محسوب می‌شود؛ هرچند نبود مدیریت مرکزی ممکن است در هماهنگی برای رسیدگی به امور مشترک چالش‌برانگیز باشد.

از نظر قیمت، این املاک اغلب ارزانتر از خانه‌های مستقل (Detached) هستند و برای خریدارانی که به‌دنبال مالکیت با هزینه‌ی کمتر و بدون پرداخت شارژ ماهانه‌اند، گزینه‌ای مناسب به‌شمار می‌روند. البته میزان حریم خصوصی در این خانه‌ها نسبت به خانه‌های مستقل کمتر است. همچنین در برخی مناطق، ساخت یا تفکیک این نوع املاک نیازمند دریافت مجوزهای خاص از شهرداری می‌باشد. در مقایسه با تان‌هاوس‌ها، نبود هزینه‌های مدیریت و آزادی بیشتر در تصمیم‌گیری برای نگهداری ملک، از مزایای کلیدی خانه‌های چندواحدی است. با این‌حال، فقدان مدیریت واحد می‌تواند در مواردی مانند تعمیر سقف، نگهداری راه‌پله یا رسیدگی به فضای بیرونی، موجب بروز اختلاف میان مالکان شود.

---

1. Duplex, Triplex, Fourplex

این نوع املاک انتخاب مناسبی برای خانواده‌هایی است که روابط نزدیکی دارند و تمایل دارند در نزدیکی یکدیگر زندگی کنند. به‌طور کلی، خانه‌های چندواحدی مانند Duplex، Triplex و Fourplex، گزینه‌ای جذاب برای خریدارانی هستند که به‌دنبال ترکیبی از زندگی مستقل، هزینه مناسب و حتی پتانسیل درآمدزایی می‌باشند - البته با در نظر گرفتن مسئولیت‌های مشارکتی و محدودیت‌های نسبی در حریم خصوصی.

ساختمان‌های چند واحدی[1]:

ساختمان‌هایی با پنج واحد مسکونی یا بیشتر، که به‌عنوان ساختمان‌های Multi-Unit یا چند واحدی شناخته می‌شوند، از چندین واحد مسکونی مستقل در یک ساختمان تشکیل شده‌اند و معمولاً به‌منظور اجاره دادن مورد استفاده قرار می‌گیرند. این نوع املاک، به‌دلیل تمرکز واحدهای اجاره‌ای در یک مکان، غالباً در دسته‌بندی املاک تجاری قرار می‌گیرند و فرصت‌های قابل‌توجهی برای سرمایه‌گذاران فراهم می‌کنند.

1 . Multiplex

ساختمان‌های چند واحدی به‌دلیل پتانسیل بالای درآمدزایی از طریق اجاره، یکی از گزینه‌های محبوب در بازار املاک تجاری به‌شمار می‌آیند. این طبقه‌بندی می‌تواند بر قوانین مالیاتی، شیوه‌های تأمین مالی، و نوع مدیریت مورد نیاز برای این املاک تأثیرگذار باشد. قابلیت ایجاد جریان نقدی منظم و امکان افزایش ارزش ملک در بلندمدت، از مزایای کلیدی این نوع سرمایه‌گذاری محسوب می‌شوند. همچنین، تنوع در اندازه و نوع واحدها، به سرمایه‌گذار امکان می‌دهد که به بخش‌های مختلف بازار اجاره‌ای دسترسی داشته باشد و ریسک سرمایه‌گذاری را کاهش دهد.

اجاره دادن به چندین خانوار در یک ساختمان، می‌تواند منبع پایداری از درآمد اجاره‌ای ایجاد کند که در تأمین هزینه‌های جاری و برنامه‌ریزی برای سرمایه‌گذاری‌های بلندمدت مؤثر است. با این‌حال، مدیریت و نگهداری ساختمان‌های چند واحدی - به‌ویژه در پروژه‌های بزرگ‌تر با تعداد بالای مستأجر - نیازمند صرف زمان، دانش و منابع مالی بیشتری است.

در مجموع، ساختمان‌های چند واحدی با فراهم آوردن ترکیبی از درآمدزایی پایدار، رشد سرمایه و تنوع در بازار اجاره، یکی از استراتژی‌های مهم سرمایه‌گذاری در حوزه املاک و مستغلات به‌شمار می‌روند. البته موفقیت در این مسیر نیازمند برنامه‌ریزی دقیق، آشنایی با قوانین محلی و توانایی مدیریت چالش‌های عملیاتی است تا منافع حاصل، بر پیچیدگی‌های احتمالی غلبه کند.

خانه‌های مستقل:

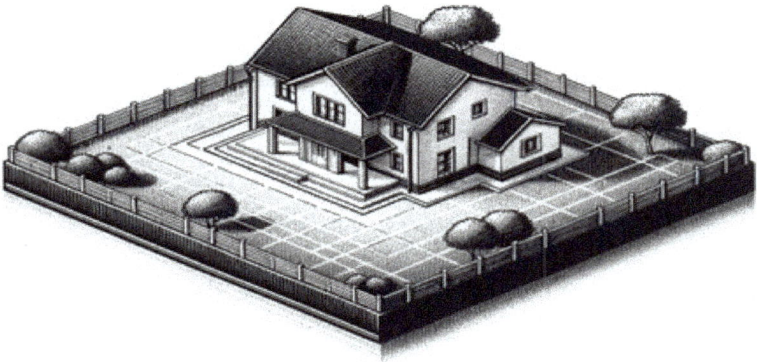

خانه‌های مستقل، به‌عنوان نمادی از استقلال و حریم شخصی، جایگاه ویژه‌ای در بازار املاک و مستغلات دارند. این خانه‌ها که به‌طور کامل از سایر ساختمان‌ها جدا هستند، روی زمین اختصاصی خود بنا می‌شوند و فضایی گسترده‌تر برای زندگی فراهم می‌آورند.

با فراهم کردن محیطی کاملاً مجزا، خانه‌های مستقل امکان زندگی در فضایی آرام و شخصی را برای ساکنان خود فراهم می‌کنند. این نوع املاک از هر چهار جهت با فضای باز احاطه شده‌اند، که این ویژگی سطح بالایی از آزادی، آرامش و حریم خصوصی را در اختیار ساکنان قرار می‌دهد. وجود زمین مجزا، امکان ایجاد حیاط، باغچه، و سایر فضاهای باز خصوصی را فراهم می‌سازد؛ فضاهایی که برای تفریح، سرگرمی یا حتی توسعه باغبانی خانگی بسیار ارزشمند هستند.

به دلیل برخورداری از زمین اختصاصی و فضای وسیع‌تر، قیمت خانه‌های مستقل اغلب بالاتر از واحدهای آپارتمانی یا خانه‌های متصل است. این ویژگی آن‌ها را به گزینه‌ای ایده‌آل برای خریدارانی تبدیل می‌کند که به‌دنبال کیفیت زندگی بالاتر، فضای شخصی بیشتر و استقلال کامل در محل زندگی خود هستند.

مالکیت خانه‌های مستقل به این معناست که کلیه مسئولیت‌های نگهداری، چه در فضای بیرونی مانند حیاط و محوطه‌سازی و چه در فضای داخلی و سازه‌ای، بر عهده مالک است.

این ساختار مالکیت به افراد امکان می‌دهد تا کنترل کامل بر تصمیم‌گیری‌های مربوط به خانه و محیط اطراف آن داشته باشند. هرچند این سطح از آزادی با نیاز به صرف زمان، انرژی و منابع مالی بیشتری همراه است، اما در عین حال انعطاف‌پذیری و حس مالکیت عمیق‌تری را برای ساکنان به‌همراه می‌آورد.

در مجموع، خانه‌های مستقل با ارائه فضای گسترده، استقلال عملیاتی و حریم خصوصی بالا، برای بسیاری از خریداران انتخابی آرمانی محسوب می‌شوند. این نوع ملک فرصتی منحصر به‌فرد برای ساخت خانه‌ای مطابق با سلیقه شخصی و بهره‌مندی از سبک زندگی اختصاصی را فراهم می‌سازد.

این فهرست، نمایی کلی از انواع مختلف خانه‌ها در کانادا ارائه می‌دهد و به عنوان راهنمایی جامع برای شناخت گوناگونی مسکن و تنوعی که هر یک از آن‌ها به زندگی عرضه می‌کنند، عمل می‌نماید. هر نوع مسکن، با ویژگی‌ها و مزایای منحصربه‌فرد خود، پاسخی به نیازها، خواسته‌ها و توانایی‌های مالی خریداران مختلف است.

مسیر زندگی بسیاری از افراد اغلب با خرید نخستین آپارتمان آغاز می‌شود؛ جایی که جوانان، با آرزوهای بزرگ و بودجه‌ای محدود، اولین گام‌های استقلال را برمی‌دارند. با گذشت زمان، افزایش درآمد و رشد خانواده، این مسیر به سمت خانه‌های متصل و در نهایت به خانه‌های مستقل سوق می‌یابد؛ جایی که فضای بیشتر و حریم خصوصی، نمادی از موفقیت و پیشرفت فردی تلقی می‌شود.

با آغاز دوران بازنشستگی و شروع فصلی تازه از زندگی، بسیاری از صاحبان خانه‌های مستقل تصمیم به فروش ملک خود و نقل مکان به آپارتمان‌ها می‌گیرند. این تغییر، نه تنها راحتی و آسایش بیشتری در زندگی روزمره به همراه دارد، بلکه فرصتی فراهم می‌آورد تا از دستاوردهای سال‌ها تلاش و سرمایه‌گذاری بهره‌مند شوند. باقی‌مانده‌ی پول حاصل از فروش خانه نیز می‌تواند به عنوان بودجه‌ای برای گذران دوران طلایی بازنشستگی مورد استفاده قرار گیرد.

این چرخه‌ی زیبای زندگی، نشان می‌دهد که چگونه سبک‌های مختلف مسکن با مراحل گوناگون زندگی افراد تطبیق می‌یابند و اینکه هر فصل از زندگی، خانه‌ای هماهنگ با شرایط و نیازهای آن دوران می‌طلبد.

خانه‌های کشت ماری‌جوانا[1]

خانه‌ی کشت، به ملکی اطلاق می‌شود که برای پرورش غیرقانونی ماری‌جوانا استفاده شده است. . با افزایش موافقت‌ها با قانونی شدن ماری‌جوانا در کانادا، این موضوع تا حدی تغییر کرده است و کمتر شاهد عملیات کشت غیرقانونی در خانه‌ها هستیم.

این خانه‌ها معمولاً با قیمت پایین‌تری نسبت به املاک مشابه در همان منطقه معامله می‌شوند و دریافت وام مسکن (Mortgage) برای آن‌ها بسیار دشوارتر است. علت این موضوع، تغییرات گسترده‌ای است که معمولاً برای پرورش گیاه در این خانه‌ها اعمال می‌شود؛ از جمله افزایش ظرفیت برق برای نوردهی، نصب سیستم‌های تهویه، و اجرای سیستم‌های آبرسانی که اغلب بدون مجوز و خارج از چارچوب‌های ایمنی و مهندسی انجام شده‌اند.

از آنجایی که کشت ماری‌جوانا نیاز به رطوبت بالا دارد، معمولاً رطوبت ایجاد شده در فضای داخلی منجر به رشد قارچ و کپک می‌شود. وجود قارچ در ساختمان، می‌تواند مشکلات جدی برای سلامت ساکنان ایجاد کند. همچنین افزایش مصرف برق و اجرای تغییرات غیراصولی، خطر بروز آتش‌سوزی را به شدت افزایش می‌دهد.

املاکی که سابقه‌ی استفاده به عنوان خانه‌ی کشت دارند، معمولاً با مشکلات بیمه‌ای مواجه‌اند. برخی شرکت‌های بیمه از ارائه پوشش برای این املاک خودداری می‌کنند و در موارد دیگر، هزینه‌ی بیمه بسیار بالاتر از حد معمول است. حتی پس از بازسازی کامل ملک توسط مالکان جدید، این سابقه می‌تواند تأثیر منفی خود را بر ارزش‌گذاری، دریافت وام، و شرایط بیمه حفظ کند؛ مگر اینکه خانه به‌طور کامل تخریب و از نو ساخته شود.

---

1. Grow House

در صورتی که قصد خرید چنین ملکی را دارید، انجام بازرسی بسیار دقیق و تخصصی امری ضروری است. همچنین باید پیش از خرید اطمینان حاصل کنید که بانک یا مؤسسه‌ی مالی مورد نظر، آماده‌ی ارائه‌ی وام برای چنین خانه‌ای هست یا خیر.

خانه‌های تاریخی[1]

خانه‌های تاریخی (Heritage Homes) در کانادا، خانه‌هایی هستند که به دلیل اهمیت تاریخی، فرهنگی یا معماری خود مورد توجه قرار می‌گیرند. این خانه‌ها معمولاً تحت حفاظت قوانین خاصی قرار دارند که ممکن است مالکان را ملزم به رعایت محدودیت‌های مشخصی کند. برای مثال، شما ممکن است اجازه ایجاد تغییرات ساختاری در این خانه‌ها را نداشته باشید و این شامل تغییر نما، رنگ یا حتی باغچه‌ها می‌شود. در بسیاری از موارد، بازسازی این خانه‌ها باید با استفاده از مواد و تکنیک‌های خاصی انجام شود تا اصالت تاریخی آن‌ها حفظ گردد.

نگهداری از یک خانه تاریخی معمولاً پرهزینه‌تر است، زیرا نیاز به مواد و مراقبت‌های ویژه‌ای دارد که می‌تواند هزینه‌ها را افزایش دهد. البته در برخی مناطق، دولت‌های محلی یا استانی کمک‌هایی برای کاهش این هزینه‌ها به مالکان ارائه می‌دهند. از طرف دیگر، خانه‌های تاریخی می‌توانند ارزش مالی متفاوتی داشته باشند. در حالی‌که برخی از آن‌ها به دلیل اهمیت فرهنگی و تاریخی خود، ارزش بالاتری نسبت به خانه‌های معمولی دارند، ممکن است به‌دلیل محدودیت‌های قانونی و تقاضای کمتر برای این نوع خانه‌ها، ارزش کمتری نیز داشته باشند.

آگاهی از تاریخچه خانه، مانند مالکان قبلی و رویدادهای مهمی که در آن رخ داده است، می‌تواند به شما کمک کند تا تصمیم بهتری بگیرید. بیمه کردن این خانه‌ها نیز ممکن است پیچیده‌تر و پرهزینه‌تر باشد، زیرا شرکت‌های بیمه به‌دلیل ویژگی‌های خاص و سن بالای این خانه‌ها، ممکن است ریسک بیشتری برای آن‌ها در نظر بگیرند. در مجموع، خرید یک خانه تاریخی می‌تواند تجربه‌ای منحصربه‌فرد باشد و نیازمند دقت و توجه به جزئیات حقوقی، مالی و اجرایی زیادی است.

---

1. Heritage Homes

پیش‌خرید یا خرید ملک آماده

در کانادا، امکان خرید خانه پیش از ساخت کامل آن از طریق قرارداد با سازنده وجود دارد. در این روش، خریدار یک واحد ملکی را با قیمت مشخصی پیش از اتمام ساخت خریداری می‌کند. سازنده نیز متعهد می‌شود ملک را طبق مشخصات تعیین‌شده در تاریخ مشخص تحویل دهد. خریدار موظف است مبلغی را به عنوان ودیعه در یک یا چند قسط پرداخت کرده و در زمان تحویل ملک، باقی‌مانده مبلغ را به سازنده پرداخت کرده و سند ملک را به نام خود منتقل کند.

مبلغ ودیعه معمولاً بین ۵ تا ۲۰ درصد قیمت ملک است که در بازه‌های زمانی توافق‌شده پرداخت می‌شود. به‌عنوان مثال، ممکن است ۱۵ درصد قیمت ملک طی سه قسط ۵ درصدی در فواصل شش‌ماهه پرداخت شود. این مبالغ در یک حساب امانی[1] نزد وکیل نگهداری می‌شود تا هنگام تحویل ملک.

در صورتی که پروژه به هر دلیلی ساخته نشود، ودیعه بدون هیچ‌گونه کسری به خریدار بازگردانده می‌شود. تنها در صورتی بانک یا سازنده به این وجوه دسترسی خواهند داشت که مبلغ ودیعه بیمه شده باشد. وجود بیمه تضمین می‌کند که در صورت بروز مشکل یا عدم تحویل پروژه، خریدار تمام پول خود را دریافت خواهد کرد.

می‌توان گفت پیش‌خرید، نوعی مشارکت مالی با سازنده است. سازندگان معمولاً به دو دلیل اصلی اقدام به پیش‌فروش می‌کنند:

۱- شرط بانک‌ها برای اعطای وام ساخت‌وساز

بانک‌ها معمولاً قبل از پرداخت وام ساخت، از سازنده می‌خواهند که حداقل ۵۰ درصد پروژه را پیش‌فروش کرده باشد. این شرط، تضمینی برای بازپرداخت وام پس از تکمیل پروژه محسوب می‌شود.

۲- تأمین نقدینگی برای تسویه و شروع پروژه‌های جدید

سازندگان تمایل دارند پس از اتمام پروژه، معطل فروش واحدها نمانند. دریافت پول به آن‌ها امکان می‌دهد سریع‌تر وام‌های خود را تسویه کرده و پروژه‌های جدیدی را آغاز کنند. در غیر این صورت، دوره بلاتکلیفی و بهره‌های بانکی بالا بر سود نهایی آن‌ها تأثیر منفی خواهد گذاشت.

---

1. Trust Account

با اینکه قیمت پیش‌خرید در برخی موارد کمی بالاتر از قیمت آپارتمان‌های آماده است، اما همچنان برای سه گروه از خریداران انتخاب مناسبی محسوب می‌شود:

۱- افرادی که هنوز آمادگی کامل مالی برای خرید ندارند:

افرادی که همه شرایط لازم برای خرید یک خانه مناسب را دارند و قصد دارند در آن سکونت کنند، بهتر است یک خانه آماده خریداری کنند. اما افرادی که در حال حاضر امکان دریافت وام مسکن یا خرید ملک دلخواه خود را ندارند، می‌توانند با یک برنامه‌ریزی دقیق، واحدی را پیش‌خرید کنند تا فرصت کافی برای آماده‌سازی تا زمان تحویل در اختیار داشته باشند. این روش به آن‌ها کمک می‌کند از بازار عقب نمانند و در زمان تحویل، صاحب یک واحد نوساز شوند.

۲- سرمایه‌گذاران:

سرمایه‌گذاران نیز با استفاده از مزایای پیش‌خرید، از پیچیدگی‌های مالکیت آنی و هزینه‌های جاری ماهانه در امان می‌مانند.

در شهری مانند ونکوور، خرید ملک با وام ممکن است منجر به پرداخت ماهانه‌ای شود که از اجاره دریافتی بیشتر باشد. این موضوع برای سرمایه‌گذاران فشار مالی ایجاد می‌کند. در حالی‌که پیش‌خرید، فشار مالی و اعتباری کمتری دارد و گزینه‌ای جذاب برای سرمایه‌گذاران میان‌مدت یا بلندمدت است.

۳- خریدارانی که به دنبال املاک خاص یا با عرضه محدود هستند:

برخی خریداران پیش‌فروش را انتخاب می‌کنند تا به املاکی دسترسی پیدا کنند که پس از تکمیل پروژه به‌سختی در بازار یافت می‌شوند؛ مانند واحدهای واقع در پروژه‌های شاخص و نمادین، املاک در لوکیشن‌های بسیار پرتقاضا، پنت‌هاوس‌ها یا واحدهایی با تعداد محدود. خرید پیش‌فروش این امکان را فراهم می‌کند که خریدار از ابتدا واحد دلخواه خود را رزرو کرده و به گزینه‌هایی دسترسی داشته باشد که معمولاً در بازار فروش مجدد به‌راحتی در دسترس نیستند.

در این جدول، مزایا و معایب خرید ملک با وام (۲۰ درصد پیش‌پرداخت و ۸۰ درصد وام) در مقایسه با پیش‌خرید برای سرمایه‌گذاران، به‌صورت مقایسه‌ای نمایش داده شده است:

	خرید ملک با وام	پیش‌خرید ملک
پرداخت پیش‌پرداخت	نیاز به پرداخت یک‌جای ۲۰درصد قیمت ملک	پرداخت ۲۰درصد به‌صورت اقساط در طول زمان
هزینه‌های ماهانه	هزینه‌های وام، مالیات و شارژ معمولاً بیشتر از اجاره دریافتی است؛ مالک باید از جیب خود پرداخت اضافی داشته باشد	نیازی به پرداخت هزینه‌های نگهداری ماهانه از جیب نیست
بدهی وام	یک بدهی بزرگ در پرونده اعتباری ثبت می‌شود که می‌تواند محدودیت‌های مالی ایجاد کند	بدهی وام سنگین ایجاد نمی‌شود و فشار کمتری بر اعتبار مالی وارد می‌شود
دردسر اجاره	مدیریت مستأجران و چالش‌های اجاره‌دادن ملک	در دوره پیش‌خرید، نیازی به مدیریت مستأجر وجود ندارد
سن ملک	با گذشت زمان، ملک قدیمی‌تر شده و افت ارزش پیدا می‌کند	ملک در زمان تحویل نوساز است و اغلب تا ۱۰ سال گارانتی دارد

جمع‌بندی:

این مقایسه نشان می‌دهد که پیش‌خرید می‌تواند برای بسیاری از سرمایه‌گذاران، به‌ویژه کسانی که به دنبال کاهش فشار مالی و مسئولیت‌های مدیریتی هستند، گزینه‌ای جذاب‌تر باشد.

بهترین زمان برای پیش‌خرید

قیمت پیش‌خرید ملک، برخلاف املاک ساخته‌شده که گاهی کاهش قیمت دارند، معمولاً در مسیر افزایشی قرار دارد. دلیل اصلی آن است که قیمت پیش‌فروش بر اساس هزینه‌های ساخت تعیین می‌شود و این هزینه‌ها عموماً روندی صعودی دارند. اگر سازندگان احساس کنند بازار توان خرید واحدها را ندارد، از عرضه پروژه خودداری می‌کنند. این مسئله می‌تواند باعث کاهش عرضه و در نتیجه افزایش بیشتر قیمت‌ها شود.

زمانی که پروژه‌ای وارد بازار می‌شود، سازنده هزینه‌های نگهداری پروژه مانند بهره وام زمین، حقوق کارمندان و سایر مخارج را نیز به قیمت واحدها اضافه می‌کند. بنابراین در پیش‌فروش‌ها، خرید زودهنگام معمولاً از نظر قیمتی سودمندتر از صبر کردن است.

پیش‌خرید، یک سرمایه‌گذاری بلندمدت است

پیش‌خرید برای افرادی مناسب است که توان صبر چندساله برای آماده‌شدن واحد را دارند و در صورت نیاز، می‌توانند آن را مدتی نگه‌دارند تا به سود مطلوب برسند. اگر هدف شما فروش سریع ملک است، بهتر است سراغ واحدهای آماده بروید که انعطاف‌پذیری بیشتری برای ورود و خروج از بازار دارند.

تفاوت مهم اینجاست: قیمت واحدهای پیش‌فروش معمولاً بر پایه هزینه ساخت تعیین می‌شود، ولی قیمت واحدهای ساخته‌شده بر اساس شرایط عرضه و تقاضای بازار است. در برخی شرایط خاص، ممکن است قیمت واحدهای آماده کاهش یابد و فاصله محسوسی با قیمت پیش‌فروش‌ها ایجاد کند. در این حالت، پیش‌خرید ممکن است توجیه اقتصادی نداشته باشد.

یکی از ریسک‌های مهم در زمان تحویل این است که اگر قیمت روز بازار کمتر از قیمت خرید شما باشد، بانک ارزش وام را بر اساس قیمت روز محاسبه می‌کند. در نتیجه، خریدار باید مابه‌التفاوت را از جیب خود پرداخت کند. با این حال، تجربه نشان داده که نگه‌داشتن بلند مدت ملک پس از تحویل، معمولاً سودآور است.

تعهدات خریدار

پیش از اقدام به پیش‌خرید، ارزیابی دقیق شرایط مالی بسیار حیاتی است، زیرا خریدار باید در زمان تحویل واحد، توانایی تکمیل خرید را داشته باشد. ناتوانی در دریافت وام یا نداشتن شرایط اقامتی مناسب، می‌تواند مشکلات جدی ایجاد کند.

تکمیل پیش‌خرید به معنای انجام تمام تعهداتی است که خریدار طبق قرارداد بر عهده گرفته است. این تعهدات شامل پرداخت‌های تعیین‌شده در تاریخ‌های مشخص، ارائه مدارک لازم و تحویل گرفتن به‌موقع واحد مسکونی می‌باشد. مهم‌ترین مرحله برای خریدار، تکمیل تعهدات در زمانی است که واحد آماده تحویل است؛ که در صورت نیاز وام مسکن باید گرفته شود.

اهمیت تکمیل تعهدات از چند جهت قابل توجه است:

- **حفظ ودیعه:** تأخیر یا ناتوانی در انجام تعهدات، می‌تواند منجر به از دست دادن مبلغ ودیعه و حتی اقدامات قانونی از سوی سازنده شود.

- **جایگاه قانونی خریدار:** با اجرای تعهدات، خریدار مالک حقوق قرارداد می‌ماند.

- **جلوگیری از جریمه‌ها:** تأخیر در پرداخت یا تحویل می‌تواند مشمول جریمه‌های سنگین شود.

- **ایجاد رابطه مثبت با سازنده:** تعهد به زمان‌بندی، اعتبار خریدار را نزد سازنده افزایش می‌دهد.

- **آرامش ذهنی:** اطمینان از اینکه همه مراحل طبق برنامه پیش می‌روند، به خریدار آرامش خاطر می‌دهد.

توصیه می‌شود قبل از هر گونه پیش‌خرید، با یک متخصص وام مسکن مشورت کنید. مشاوران املاک مجاز به ارائه مشاوره وام نیستند، مگر اینکه دارای مجوز رسمی باشند.

نکات مهم در انتخاب پیش‌خرید:

هنگام انتخاب ملک برای پیش‌خرید، توجه به نکات زیر می‌تواند به تصمیم‌گیری آگاهانه‌تر کمک کند:

۱. **موقعیت جغرافیایی:** محل قرارگیری ملک از نظر دسترسی به امکانات رفاهی، مراکز تجاری، مدارس، فضاهای ورزشی و سایر ویژگی‌های منطقه‌ای بسیار مهم است.

۲. **آینده منطقه:** بررسی طرح‌های توسعه آینده، پروژه‌های عمرانی در حال اجرا و برنامه‌های شهرداری در مجاورت ملک اهمیت بالایی دارد. اگر هدف شما از پیش‌خرید سرمایه‌گذاری است، انتخاب مناطقی که در مسیر رشد و توسعه قرار دارند، می‌توانند باعث افزایش قابل توجه ارزش ملک شود.

۳. **سابقه سازنده:** اعتبار و عملکرد گذشته‌ی شرکت سازنده نقش کلیدی در اطمینان از کیفیت نهایی پروژه ایفا می‌کند.

۴. **کیفیت ساخت:** نوع مصالح مصرفی، روش‌های ساخت، و کیفیت اجرای پروژه در ارزش‌گذاری ملک بسیار مؤثر است.

۵. **قیمت:** بررسی کنید که قیمت پیشنهادی در مقایسه با قیمت‌های منطقه و امکانات ارائه‌شده منصفانه باشد.

۶. **پلان و طراحی داخلی:** نحوه‌ی تقسیم‌بندی فضا، نورگیری، وجود فضای سبز و نبود فضاهای مرده (مانند راهروهای بی‌استفاده در داخل واحد) بسیار مهم است. به عنوان نمونه، بعضی سازندگان برای افزایش متراژ اسمی واحد، بخشی از راهرو را به فضای داخلی اضافه می‌کنند که کاربرد مفیدی ندارد. وجود بالکن بزرگ و قابل استفاده، به‌ویژه اگر با شیشه محصور شده باشد، می‌تواند ارزش ملک را بالا ببرد و استفاده‌پذیری در تمام فصول را تضمین کند.

۷. **امکانات جانبی:** وجود پارکینگ، استخر، باشگاه ورزشی، سیستم امنیتی و تعداد مناسب آسانسور از جمله عوامل مهم در انتخاب پروژه هستند. توجه داشته باشید که پروژه‌هایی با امکانات گسترده مانند استخر، معمولاً هزینه نگهداری بالاتری دارند و ممکن است برای سکونت شخصی مناسب‌تر از سرمایه‌گذاری باشند.

۸. شرایط پرداخت و ودیعه: میزان پیش‌پرداخت، نحوه‌ی اقساط و شرایط پرداخت باید با توان مالی و برنامه‌ریزی شما هماهنگ باشد. هرچه درصد پیش‌پرداخت کمتر و فواصل پرداخت اقساط بلندتر باشد، معمولاً از نظر سرمایه‌گذاری جذاب‌تر است. البته پروژه‌های معتبر معمولاً پیش‌پرداخت بالاتری می‌طلبند، پس باید همه جوانب را با دقت بررسی کرد.

۹. زمان تحویل: سازنده باید تاریخ تحویل مشخص و منطقی ارائه دهد. معمولاً هرچه زمان تحویل طولانی‌تر باشد، فرصت رشد سرمایه نیز بیشتر خواهد بود.

۱۰. شرایط قرارداد: قراردادهای پیش‌خرید ممکن است شامل بندهای خاصی باشند. حتماً آن‌ها را با دقت بخوانید. در استان بریتیش‌کلمبیا، خریداران یک هفته فرصت قانونی دارند تا قرارداد را بررسی و در صورت تمایل بدون هیچ جریمه‌ای از خرید انصراف دهند. در صورت نیاز، می‌توانید از یک وکیل نیز مشورت بگیرید.

۱۱. نوع مالکیت زمین: برخی پروژه‌ها روی زمین‌های اجاره‌ای (Leasehold) ساخته می‌شوند که ارزان‌تر هستند، اما در مقابل پروژه‌های ساخته‌شده روی زمین‌های ملکی (Freehold) معمولاً ارزش سرمایه‌گذاری بیشتری دارند.

۱۲. پشتیبانی پس از فروش: بررسی کنید که آیا سازنده خدمات پس از فروش مناسب مانند گارانتی یا پاسخ‌گویی در صورت بروز مشکل را ارائه می‌دهد یا خیر.

توصیه نهایی: پیش از هرگونه تعهد مالی، حتماً با یک مشاور املاک حرفه‌ای و متخصص وام مسکن مشورت کنید تا مطمئن شوید گزینه‌ی مناسبی را انتخاب کرده‌اید و در زمان تحویل واحد امکان دریافت وام برای شما وجود دارد.

فروش قرارداد قبل از تحویل[1]

در کانادا، اصطلاح "Assignment" در زمینه قراردادهای پیش‌خرید املاک، به معنای واگذاری حقوق و تعهدات خریدار اولیه به شخص دیگری است، پیش از آن‌که واحد موردنظر ساخته و تحویل داده شود. به عبارت دیگر، خریدار اولیه می‌تواند قبل از اتمام پروژه، قرارداد خرید خود را به خریدار جدید منتقل کند.

این امکان، به خریدار اولیه اجازه می‌دهد تا از سرمایه‌گذاری خود سود کسب کند یا دست‌کم بخشی از زیان‌های احتمالی را جبران نماید، بدون آن‌که منتظر تحویل نهایی ملک بماند. با این حال، در انجام Assignment باید به نکات زیر توجه داشت:

۱. موافقت سازنده: به‌طور معمول، انجام Assignment تنها با رضایت کتبی سازنده امکان‌پذیر است. سازنده می‌تواند بنا به دلایل مختلف با این انتقال موافقت نکند؛ به‌ویژه زمانی که هنوز واحدهایی مشابه برای فروش دارد و نمی‌خواهد با فروش شما برای خود رقیب ایجاد کند.

۲. هزینه‌ها: انجام Assignment معمولاً شامل هزینه‌هایی بین ۱ درصد تا ۳ درصد از قیمت خرید می‌شود. گاهی برای تشویق به فروش، این هزینه به مبلغی ثابت و پایین‌تر مانند ۲۰۰۰ دلار کاهش می‌یابد. همچنین، در صورت انتقال به یکی از اعضای خانواده، ممکن است هزینه کمتری اعمال شود. در صورتی که از خدمات مشاور املاک استفاده شود، هزینه کمیسیون ریلتور نیز به آن افزوده خواهد شد.

۳. مالیات: پیش از فروش قرارداد، حتماً با یک مشاور مالیاتی مشورت کنید تا از مالیات‌هایی که ممکن است بر سود حاصل از واگذاری تعلق بگیرد، مطلع شوید. معمولاً فروشنده باید مالیات بر درآمد سرمایه (Capital Gains Tax) پرداخت کند.

۴. تعیین قیمت: خریدار اولیه باید قیمتی مناسب و رقابتی برای واگذاری تعیین کند؛ این مبلغ معمولاً شامل مجموع مبالغ پرداخت‌شده به سازنده به‌علاوه سود مورد نظر فروشنده است. قیمت نهایی باید در عین حال برای خریدار جدید جذاب و متناسب با وضعیت روز بازار باشد.

---

1. Assignment

۵. مشاوره حقوقی: اکیداً توصیه می‌شود که هر دو طرف (فروشنده اولیه و خریدار جدید) پیش از نهایی‌کردن قرارداد Assignment با یک وکیل متخصص مشورت کنند. نکته مهم این است که بر اساس قانون، گرچه حقوق قراردادی قابل انتقال است، اما مسئولیت‌ها قابل واگذاری نیستند. بنابراین، اگر خریدار جدید به هر دلیلی موفق به دریافت وام یا تکمیل فرآیند خرید نشود، مسئولیت نهایی خرید همچنان بر عهده فروشنده اولیه خواهد بود.

ریسک‌های پیش‌خرید با هدف واگذاری قرارداد

پیش‌خرید ملک با نیت واگذاری قرارداد پیش از تحویل واحد، می‌تواند پرریسک و ناپایدار باشد. مطمئن‌ترین معاملات زمانی انجام می‌شوند که خریدار برنامه و استراتژی واقع‌بینانه‌ای برای تکمیل قرارداد و تحویل نهایی ملک در اختیار دارد. در غیر این صورت، خریدار ممکن است با چالش‌های جدی مواجه شود. سه دلیل اصلی این موضوع عبارت‌اند از:

○ **لزوم موافقت سازنده:** انجام واگذاری قرارداد (Assignment) منوط به موافقت سازنده است. سازنده ممکن است به دلایل مختلف از جمله رقابت با فروش واحدهای باقیمانده خود، با انتقال قرارداد مخالفت کند.

○ **ریسک بازار:** شرایط بازار ممکن است در زمان تصمیم به واگذاری قرارداد مساعد نباشد. این موضوع می‌تواند باعث شود که خریدار قادر به یافتن مشتری جدید یا فروش با قیمت مناسب نباشد.

○ **عدم انتقال تعهدات:** بر اساس قوانین حقوقی، اگرچه خریدار اولیه می‌تواند حقوق قراردادی خود را به شخص دیگری منتقل کند، اما همچنان مسئولیت‌های قراردادی بر عهده او باقی می‌ماند. در نتیجه، اگر خریدار جدید به هر دلیل نتواند خرید را نهایی کند، مسئولیت اجرای تعهدات به‌عهده خریدار اول خواهد بود.

معمولاً بهترین سود نصیب کسانی می‌شود که ملک را برای چند سال پس از تحویل نگه داشته و سپس در بازار داغ به فروش می‌رسانند. این نکات تنها بخشی از مواردی هستند که باید در نظر گرفته شوند. پیچیدگی‌های قانونی و مالی ممکن است بسته به شرایط خاص هر معامله متفاوت باشد؛ بنابراین مشاوره با یک متخصص در این زمینه بسیار اهمیت دارد.

انواع سند و مالکیت

در کانادا، انواع مختلفی از مالکیت وجود دارد که هر کدام ویژگی‌ها و محدودیت‌های خاص خود را دارند. انواع اصلی مالکیت‌ها عبارت‌اند از:

سند مالکیت آزاد[1]

سند مالکیت آزاد، بیشترین حقوق و اختیارات را در اختیار مالک قرار می‌دهد؛ به این معنا که فرد مالک، مالکیت کامل و بدون واسطه‌ای بر ملک دارد. این نوع مالکیت به مالک اجازه می‌دهد تا ملک را آزادانه بفروشد، اجاره دهد، یا از آن به هر شکل مجاز دیگری استفاده کند.

سند ملک بر زمین اجاره‌ای[2]

در این نوع مالکیت، شما مالک زمین نیستید، بلکه حق استفاده از آن را برای مدت معینی خریداری کرده‌اید. پس از پایان این مدت، زمین باید یا به مالک اصلی بازگردانده شود یا قرارداد جدیدی با وی بسته شود. لازم به ذکر است که خرید و فروش و همچنین دریافت وام برای این نوع املاک دارای پیچیدگی‌های خاصی است. بنابراین، قبل از خرید این نوع املاک، انجام تحقیقات کامل ضروری است.

سند مالکیت مشاع[3]

در این نوع مالکیت، شما یک واحد خاص را در یک ساختمان یا مجتمع مسکونی خریداری می‌کنید. شما مالک فضای داخلی واحد خود هستید، اما بخش‌های مشترک مانند راهروها، آسانسور، و امکانات عمومی متعلق به همه مالکان است. برای نگهداری این بخش‌ها معمولاً شارژ ماهانه‌ای متناسب با اندازه واحد دریافت می‌شود.

در سیستم مالکیت مشترک، مالکیت زمین پروژه به دو صورت امکان‌پذیر است:

۱– سند مالکیت آزاد مشاع[4]

در این نوع مالکیت، زمین پروژه به طور مشترک متعلق به مالکان واحدهاست. هر مالک علاوه بر فضای داخلی واحد خود، سهمی از زمین مجموعه را نیز در اختیار دارد. این شیوه، رایج‌ترین و معمول‌ترین نوع مالکیت در مجتمع‌های مسکونی به شمار می‌آید.

---

1. Freehold
2. Leasehold
3. Strata or Condominium
4. Freehold Strata

۲- سند مالکیت استراتای زمین مستقل[1]

در ساختار استراتای زمین مستقل، هر مالک صاحب قطعه زمین اختصاصی خود و همچنین ساختمانی است که روی آن بنا شده و این مجموعه معمولاً در قالب یک مجتمع مسکونی خصوصی تعریف می‌شود. برخلاف استراتاهای ساختمانی متداول (مانند آپارتمان‌ها)، در این نوع مالکیت، مسئولیت کامل نگهداری، تعمیرات و بیمه ساختمان و محوطه اختصاصی بر عهده خودِ مالک است.

در مقابل، هیئت‌مدیره استراتا مسئول مدیریت بخش‌ها و زیرساخت‌های مشترکی است که خارج از محدوده هر قطعه زمین قرار دارند؛ از جمله راه‌های داخلی، روشنایی معابر، تأسیسات زیرزمینی و امکانات مشترک. این نوع ساختار مالکیت معمولاً در مجموعه‌های مسکونی خانه‌های مستقل، پارک‌های خانه‌های پیش‌ساخته، و برخی پروژه‌های تاون‌هاوس دیده می‌شود.

۳- سند مالکیت مشاع در زمین اجاره‌ای[2]

زمین متعلق به شخص یا نهادی دیگر است و سازنده آن را برای مدت معینی (مثلاً ۹۹ سال) اجاره کرده است. خریداران واحدها در این نوع، تنها حق استفاده از زمین را دارند و مالک آن محسوب نمی‌شوند. این تفاوت باعث می‌شود قیمت واحدهای سند مالکیت مشاع در زمین اجاره‌ای معمولاً کمتر از نوع سند مالکیت آزاد مشاع باشد و ممکن است بر شرایط اخذ وام یا فروش مجدد ملک نیز تأثیر بگذارد.

مالکیت مشترک[3]

در این نوع مالکیت، دو نفر یا بیشتر به طور مساوی در مالکیت ملک شریک هستند. در صورت فوت یکی از مالکان، سهم وی به‌طور خودکار به مالکان باقی‌مانده منتقل می‌شود. به این ویژگی، «حق بقا» (Right of Survivorship) گفته می‌شود. این مدل معمولاً میان زوج‌ها رایج است.

---

1. Bare Land Strata
2. Leasehold Strata
3. Joint Tenancy

مالکیت شراکتی[1]

در این نوع، چند نفر به صورت شراکتی مالک ملک هستند ولی هر کدام سهم مشخص و مستقلی دارند (مثلاً یک نفر ۶۰ درصد و دیگری ۴۰ درصد). در صورت فوت یکی از مالکان، سهم او به صورت قانونی و از طریق انحصار وراثت به وارثانش منتقل می‌شود، نه به مالکان دیگر.

همبستگی مسکونی[2]

در تعاونی‌های مسکونی، افراد مالک مستقیم واحد مسکونی نیستند؛ بلکه با خرید یک سهم از تعاونی، به طور مشترک مالک کل مجموعه می‌شوند. در مقابل این سهم، فرد حق استفاده از یک واحد خاص را به دست می‌آورد. در این نوع، سند واحد به نام شخص صادر نمی‌شود و مالکیت اصلی متعلق به خود تعاونی است.

اعضا از طریق سهم خود، حق اقامت طولانی‌مدت در یک واحد خاص و حق رأی در تصمیم‌گیری‌های مدیریتی دارند. تصمیمات معمولاً توسط هیئتی از اعضا اتخاذ می‌شود و هر عضو یک رأی دارد. این نوع مالکیت معمولاً غیرانتفاعی است و با هدف ارائه مسکن مقرون‌به‌صرفه و ترویج حس مشارکت اجتماعی اداره می‌شود. اعضا تا زمانی که مقررات را رعایت کنند، از امنیت اقامت برخوردارند.

---

1. Tenancy in Common
2. Co-operative Housing

جستجو و انتخاب خانه

هنگام تصمیم‌گیری برای خرید خانه، توجه به جزئیات می‌تواند تفاوت بزرگی در ارزش بلندمدت و قابلیت فروش ملک ایجاد کند. در ادامه، نکات کلیدی ارائه شده‌اند تا به شما کمک کنند خانه‌ای انتخاب کنید که نه‌تنها نیازهای کنونی‌تان را برآورده می‌کند، بلکه به‌عنوان یک سرمایه‌گذاری ارزشمند نیز عمل نماید:

● قیمت و وضعیت فیزیکی

قیمت خانه را با ملک‌های مشابهی که اخیراً در همان منطقه فروخته شده‌اند مقایسه کنید تا از منطقی بودن قیمت اطمینان حاصل کنید. هنگام بازدید از ملک، در حد امکان وضعیت فیزیکی آن را ارزیابی کنید تا مخارج احتمالی را در نظر داشته باشید. البته در صورت جدی شدن خرید، حتماً یک بازرس ملک مستقل استخدام کنید تا خانه را به‌طور جامع بررسی کرده و گزارشی دقیق از وضعیت آن ارائه دهد. این گزارش می‌تواند در تصمیم‌گیری نهایی و مذاکرات قیمت بسیار مؤثر باشد.

به یاد داشته باشید که خرید گران‌ترین خانه در یک محله، معمولاً از نظر سرمایه‌گذاری انتخاب مناسبی نیست؛ به‌ویژه زمانی که شرایط آن محله به‌گونه‌ای نباشد که انتظار نوسازی گسترده یا رشد و توسعه در آینده وجود داشته باشد.

• سن ساختمان

یکی از عوامل مهمی که هنگام انتخاب خانه باید به آن توجه کرد، سن ساختمان است. معمولاً هرچه ساختمان نوسازتر باشد، متقاضیان بیشتری برای خرید آن وجود دارد. در مقابل، ساختمان‌های قدیمی‌تر به دلیل فاصله گرفتن از سبک‌های معماری و امکانات مدرن روز، و همچنین نیاز بیشتر به نگهداری و تعمیرات، با کاهش تقاضا روبه‌رو می‌شوند.

در خانه‌های ویلایی و مستقل، این مسئله کمتر دیده می‌شود، زیرا مالک اختیار بیشتری برای رسیدگی و بازسازی ملک خود دارد. اما در املاک مشاع مانند آپارتمان‌ها و تاون‌هاوس‌ها، با افزایش سن ساختمان احتمال نیاز به تعمیرات اساسی بیشتر می‌شود. برخی از این هزینه‌ها ممکن است از صندوق ذخیره‌ی مشاع[1] پرداخت شود، اما در بسیاری مواقع کافی نیست. در چنین شرایطی، صاحبان واحدها باید براساس رأی‌گیری در مجمع مالکان، هزینه‌های اضافی را پرداخت کنند.

اسپشال لوی (Special Levy) چیست؟

اسپشال لوی مبلغ اضافه‌ای است که مالکان آپارتمان یا املاک مشاع ملزم به پرداخت آن می‌شوند تا هزینه‌های پیش‌بینی‌نشده یا پروژه‌های بزرگ عمرانی و تعمیراتی ساختمان را پوشش دهند؛ هزینه‌هایی که از شارژ ماهیانه یا صندوق ذخیره‌ی مشاع قابل تأمین نیستند.

این هزینه‌ها معمولاً صرف پروژه‌های مهم و پرهزینه‌ای مانند تعویض سقف، بازسازی نمای ساختمان، یا تعمیر بالکن‌ها می‌شوند. سهم هر مالک بر اساس متراژ یا سهم مالکیت واحدش تعیین می‌گردد. پرداخت این مبلغ می‌تواند به صورت یک‌جا یا در چند قسط انجام شود. در بعضی مواقع ممکن است صندوق ذخیره ساختمان Contingency Fund موجودی کافی داشته باشد، اما طبق قانون، استفاده از آن به‌طور کامل امکان‌پذیر نباشد؛ چرا که همواره موجودی این صندوق نباید از یک حداقل مشخصی کمتر شود تا امنیت مالی مجموعه حفظ شود. بنابراین، ممکن است بخشی از هزینه‌ها از صندوق پرداخت شود و بخش دیگر از طریق اسپشال لوی تأمین گردد. تعمیرات صرفاً به رأی ساکنان وابسته نیست.

---

1. Contingency Reserve Fund

علاوه بر این، همیشه تصمیم‌گیری درباره تعمیرات صرفاً به رأی ساکنان وابسته نیست. گاهی ممکن است به اندازه کافی رأی موافق برای اجرای پروژه وجود نداشته باشد، اما اگر شهرداری یا نهادهای نظارتی انجام آن تعمیرات را ضروری تشخیص دهند (مثلاً برای ایمنی ساختمان یا رعایت مقررات شهری)، مالکان ملزم به انجام آن خواهند بود، حتی اگر رأی کافی جمع‌آوری نشده باشد.

به همین دلیل، هرچه سن ساختمان بالاتر باشد، احتمال تصویب اسپشال لوی بیشتر خواهد بود و خریداران باید این موضوع را هنگام انتخاب خانه به دقت در نظر بگیرند.

● نقشه‌ی خانه (Floor Plan)

نقشه خانه را بررسی کنید تا مطمئن شوید با نیازها و سبک زندگی شما هم‌خوانی دارد. به فضاهای غیرکاربردی (موسوم به "فضاهای مرده") و امکان تغییر در نقشه داخلی توجه داشته باشید. وضعیت کلی ساختمان را نیز ارزیابی کنید.

به خاطر داشته باشید که برخی مشکلات ظاهری، مانند رنگ دیوارها، کف‌پوش یا کابینت‌ها، پس از خرید قابل تغییر به سلیقه شما هستند؛ اما مشکلات اساسی و ساختاری مانند سقف کوتاه یا نبود نور طبیعی کافی، معمولاً قابل اصلاح نیستند و باید از ابتدا مورد توجه قرار گیرند.

در زمان خرید ملک، یکی از موارد حیاتی که باید به دقت بررسی شود، تغییرات انجام‌شده در نقشه یا ساختار داخلی آن است. ضروری است اطمینان حاصل شود که هرگونه بازسازی، جابه‌جایی دیوارها، یا تغییر در پلان داخلی، با مجوز رسمی شهرداری و در صورت لزوم با تأیید استراتا (در ساختمان‌های مشاع مانند کاندو یا تاون‌هاوس) انجام شده باشد.

در غیر این صورت، خریدار ممکن است پس از خرید با مشکلات جدی قانونی و مالی روبه‌رو شود. شهرداری این اختیار را دارد که دستور بازگرداندن ملک به وضعیت اولیه را صادر کند، و تمامی هزینه‌های مربوط به این اصلاحات نیز بر عهده مالک خواهد بود.

● جهت‌گیری و نور طبیعی

دقت داشته باشید که خورشید از شرق طلوع می‌کند، از سمت جنوب به غرب حرکت کرده و غروب می‌کند. بنابراین، پنجره‌های رو به شرق نور صبحگاهی دارند، پنجره‌های جنوبی نور نیم‌روز را دریافت می‌کنند و پنجره‌های غربی نور عصرگاهی و غروب را دارند. پنجره‌های رو به شمال آفتاب‌گیر نیستند و نور کمتری دارند. نور طلوع و غروب، به دلیل قرار گرفتن در افق، عمق بیشتری داشته و گاهی تند و پرحرارت است. به‌طور کلی، واحدهای جنوبی و غربی پرنورتر و البته در تابستان گرم‌تر از واحدهای شمالی و شرقی هستند. در نهایت، انتخاب جهت‌گیری خانه به ترجیحات شخصی شما، سبک زندگی و نیازهایتان از لحاظ نور طبیعی و دمای مطلوب داخل خانه بستگی دارد.

● چشم‌انداز و منظره (View)

ویو یا منظره یکی از عواملی است که می‌تواند ارزش یک ملک را به‌طور قابل‌توجهی تحت تأثیر قرار دهد، به‌ویژه در مناطقی که مناظر طبیعی زیبا یا چشم‌اندازهای شهری دارند. در بسیاری از مناطق، ملک‌هایی که دارای مناظر زیبا مانند دریا، کوه‌ها یا نمای شهری هستند، از ارزش بیشتری نسبت به ملک‌های مشابه بدون این مناظر برخوردارند. ویو می‌تواند ویژگی‌ای جذاب برای خریداران باشد و باعث شود ملک سریع‌تر و راحت‌تر فروخته شود. اگر قصد دارید ملک خود را اجاره دهید، ملک‌هایی با ویو معمولاً اجاره‌ی بالاتری دارند. همچنین، وقتی بازار املاک ضعیف است، ملک‌های دارای ویو نسبت به سایر ملک‌ها کمتر ارزش خود را از دست می‌دهند و راحت‌تر به فروش می‌رسند. با این حال، همه‌ی ویوها یکسان نیستند؛ یک نمای خوب ممکن است توسط یک ساختمان جدید یا تغییرات دیگر در منظره مسدود شود. بنابراین، هنگام خرید خانه با ویو، باید به بلندمدت فکر کرد و تحقیقاتی در مورد طرح‌ها و پروژه‌های آینده‌ی آن منطقه انجام داد. در نهایت، در حالی که ویو می‌تواند ارزش قابل‌توجهی به یک ملک اضافه کند، خرید یک ملک تنها بر اساس ویو توصیه نمی‌شود؛ بلکه باید تمام ویژگی‌ها و نکات مثبت و منفی ملک را در نظر گرفت.

● موقعیت و تعداد اتاق‌های خواب

در خانه‌های ویلایی و تاون‌هاوس‌ها، ایده‌آل است که خانه‌ای را انتخاب کنید که حداقل دارای سه اتاق‌خواب در یک طبقه باشد. این امر به بهبود کیفیت زندگی و فروش در آینده کمک می‌کند. در خانه‌های آپارتمانی، خرید واحدهای استودیو به دلیل محدودیت‌های بازار معمولاً توصیه

نمی‌شود. این نوع واحدها تنها برای گروه خاصی مانند مجردها یا دانشجوها مناسب‌اند و در نتیجه فروش یا اجاره‌ی آن‌ها سخت‌تر است. همچنین، برخی وام‌دهنده‌ها برای واحدهای خیلی کوچک، شرایط سخت‌تری در نظر می‌گیرند. در مقابل، خرید واحد حداقل یک‌خوابه انتخاب بهتری است، چون متقاضی بیشتری دارد، فضای زندگی مناسب‌تری فراهم می‌کند و در بلندمدت ارزش افزوده و نقدشوندگی بالاتری خواهد داشت.

● آشپزخانه و سرویس‌های بهداشتی

تعداد و وضعیت وسایل آشپزخانه، کابینت‌ها، سرویس‌های بهداشتی و سایر امکانات خانه را با دقت بررسی کنید. آشپزخانه، حمام و دستشویی از بخش‌های مهم و کلیدی هر خانه به شمار می‌روند و تأثیر مستقیمی بر ارزش و قیمت ملک دارند. بسیاری از خانواده‌ها زمان زیادی را در آشپزخانه سپری می‌کنند؛ به همین دلیل، اغلب از آن به‌عنوان "قلب خانه" یاد می‌شود. آشپزخانه‌های مدرن با طراحی باز و تجهیزات به‌روز، علاوه بر ایجاد فضایی دل‌نشین و کاربردی، می‌توانند به‌طور قابل‌توجهی بر جذابیت و قیمت خانه بیفزایند.

همچنین، سرویس‌های بهداشتی و حمام‌های تمیز، مدرن و مجهز، تجربه‌ای از راحتی و آسایش را برای ساکنان فراهم می‌کنند و در نگاه خریداران بسیار ارزشمند هستند. استفاده از مصالح باکیفیت و طراحی‌های امروزی در این بخش‌ها بر ارزش ملک می‌افزاید. در خانه‌های بزرگ، وجود چند سرویس بهداشتی و حمام یک مزیت مهم محسوب می‌شود. در نهایت، به‌روزرسانی و نگهداری مناسب این فضاها نقشی اساسی در افزایش ارزش ملک دارد، در حالی که بی‌توجهی به نیازهای تعمیر یا نوسازی می‌تواند اثری منفی و کاهنده بر قیمت آن داشته باشد.

● ارتفاع سقف

خانه‌هایی با سقف بلند، فضای بازتر و دلبازتری ایجاد می‌کنند و حس بزرگی و روشنایی بیشتری به محیط می‌بخشند. در ساختمان‌های نوساز معمولاً از سقف‌های ۹ یا ۱۰ فوتی استفاده می‌شود، در حالی که خانه‌های قدیمی‌تر اغلب با سقف‌های ۸ فوتی ساخته شده‌اند. این تفاوت ارتفاع می‌تواند تأثیر قابل‌توجهی در تجربه‌ی زندگی و زیبایی فضای داخلی داشته باشد.

• زیر زمین و یا واحد قابل اجاره

بِیسمنت، به‌ویژه زمانی که به‌عنوان یک واحد مستقل و قابل اجاره طراحی شده باشد، نقش مهمی در افزایش ارزش و قیمت ملک ایفا می‌کند. این نوع فضا می‌تواند منبع درآمد ماهانه برای مالک باشد و از این‌رو، برای خریدارانی که به‌دنبال سرمایه‌گذاری یا کسب درآمد جانبی هستند، بسیار جذاب است. همچنین، وجود یک واحد اجاره‌ای در بیسمنت می‌تواند در فرآیند دریافت وام مسکن نیز تأثیر مثبتی داشته باشد، چراکه بانک‌ها درآمد اجاره‌ای را به‌عنوان بخشی از توان بازپرداخت وام در نظر می‌گیرند. این فضا همچنین گزینه‌ای مناسب برای خانواده‌هایی است که به فضای اضافه برای مهمان یا اعضای خانواده نیاز دارند.

با این حال، داشتن بیسمنت قابل اجاره، علاوه بر مزایای اقتصادی، مسئولیت‌هایی نیز به‌همراه دارد. هزینه‌های نگهداری، بیمه و رعایت قوانین محلی از جمله مواردی هستند که باید مورد توجه قرار گیرند. در بسیاری از شهرها و استان‌های کانادا، مقررات مشخصی برای اجاره دادن واحدهای مسکونی وجود دارد و مالک باید اطمینان حاصل کند که این فضا مطابق با ضوابط و استانداردهای محلی ساخته و استفاده می‌شود. در سال‌های اخیر، توجه سازندگان نیز به این نیاز افزایش یافته و شاهد طراحی تاون‌هاوس‌ها و حتی برخی واحدهای آپارتمانی در برج‌های بتنی با سوئیت مستقل و قابل اجاره هستیم، که این روند به جذابیت بیشتر این نوع املاک در بازار کمک کرده است.

• فضای بیرونی و امکانات ساختمان

اندازه و نگهداری حیاط، و امکاناتی مانند دیوارها، گلخانه‌ها یا استخر را بررسی کنید. حیاط، فضای بیرونی و امکانات ساختمان نقش مهمی در جذب خریداران و افزایش ارزش ملک دارند. حیاط‌های مرتب و زیبا می‌توانند فضای زندگی را گسترش دهند و محیطی آرام و دل‌نشین برای سپری کردن وقت فراهم کنند. داشتن منظره‌ای زیبا از حیاط یا اتاق تجمعات ساختمان می‌تواند ارزش ملک را به‌طور قابل توجهی افزایش دهد. امکاناتی مانند استخر، باشگاه ورزشی، کارواش مشترک، پارکینگ با قابلیت شارژ ماشین برقی، یا امنیت ۲۴ ساعته می‌تواند رفاه و راحتی خریداران را افزایش دهد. البته امکانات بیشتر به معنای هزینه‌های نگهداری بالاتر نیز هست. بسیاری از خریداران به دنبال امکانات خاصی هستند که به زندگی‌شان ارزش افزوده بدهد. برخی امکانات ممکن است نیاز به هزینه‌های جاری داشته باشند که باید در نظر گرفته شود. ملک‌هایی که دارای امکانات بیشتری هستند، معمولاً ارزش بازار بالاتری نسبت به سایر املاک دارند. در مجموع، حیاط، فضای بیرونی و امکانات ساختمان می‌توانند تأثیر زیادی

بر جذب خریداران و افزایش ارزش بازار یک ملک داشته باشند. با این حال، هنگام خرید یا فروش ملک، توجه به تمامی جنبه‌های مرتبط با ملک و شرایط بازار محلی ضروری است.

● تعداد و دسترسی پارکینگ

پارکینگ یکی از ملاحظات عملی و بسیار مهم در انتخاب یک ملک به شمار می‌آید. داشتن پارکینگ سرپوشیده با دسترسی مناسب به واحد مسکونی، به‌همراه تعداد کافی پارکینگ مهمان، یک امتیاز قابل‌توجه محسوب می‌شود و می‌تواند هم بر آسایش روزمره ساکنان و هم بر ارزش فروش مجدد ملک تأثیر مثبتی بگذارد.

خریداران باید بررسی کنند که آیا جای پارک به‌عنوان مالکیت مشترک محدود [1] LCP ثبت شده و به‌صورت دائمی به واحد اختصاص دارد، یا به‌صورت پارکینگ تخصیصی [2] است که در این حالت، هیئت‌مدیره ساختمان ممکن است اختیار جابه‌جایی یا تغییر تخصیص آن را داشته باشد. علاوه بر این، وجود زیرساخت شارژ خودروهای برقی به‌تدریج به یکی از عوامل مهم در استفاده فعلی و ارزش آینده ملک تبدیل شده است.

● موقعیت نسبت به خیابان اصلی

خانه‌های دور از خیابان اصلی و سروصدا، آرامش و آسایش بیشتری فراهم می‌کنند، برای زندگی مناسب‌ترند و معمولاً از ارزش بالاتری برخوردارند. در مقابل، خانه‌های واقع در خیابان اصلی ممکن است برای اهداف تجاری مانند تغییر کاربری یا انبوه‌سازی مناسب‌تر باشند، اما برای زندگی روزمره می‌توانند پر سر و صدا و چالش‌برانگیز باشند.

خانه‌های واقع در تقاطع دو خیابان یا کوچه (T Junction) به خانه‌هایی اطلاق می‌شود که در انتهای یک خیابان و جایی که خیابان به شکل T با خیابان دیگر برخورد می‌کند، قرار دارند. این موقعیت مکانی می‌تواند هم مزایا و هم معایبی داشته باشد. از یک سو، خانه‌های تقاطع T به دلیل دیدپذیری بالا و دسترسی راحت‌تر، به‌ویژه برای کسب‌وکارهای خانگی یا دفاتر کوچک، می‌توانند جذاب باشند. این خانه‌ها اغلب نمای بازتری دارند و از نور طبیعی بیشتری برخوردارند، چرا که خانه‌ای مستقیماً روبه‌روی آن‌ها قرار ندارد.

با این حال، برخی معایب نیز باید در نظر گرفته شود. این خانه‌ها معمولاً در معرض نویز و نور ناشی از ترافیک قرار دارند، به‌ویژه در شب‌ها. این موضوع می‌تواند برای برخی ساکنان

---

1. Limited Common Property
2. Assigned parking

آزاردهنده باشد. همچنین، از دیدگاه فنگ‌شویی، خانه‌های تقاطع T کمتر مطلوب تلقی می‌شوند؛ چرا که باور بر این است که جریان انرژی منفی مستقیماً به سمت خانه هدایت می‌شود، که ممکن است منجر به استرس یا بداقبالی برای ساکنان شود. از نظر ایمنی نیز، در صورت وقوع تصادف، احتمال برخورد وسایل نقلیه با این خانه‌ها اندکی بیشتر است.

در بازار املاک، خانه‌های تقاطع T ممکن است به دلیل این معایب ارزش کمتری نسبت به خانه‌های مشابه در موقعیت‌های دیگر داشته باشند. برخی خریداران بالقوه ممکن است به دلیل نگرانی‌های مربوط به تردد بالا، ایمنی یا باورهای فنگ‌شویی از این نوع املاک اجتناب کنند. با این حال، برای خریدارانی که به این عوامل اهمیتی نمی‌دهند، چنین املاکی می‌توانند فرصت مناسبی برای خرید با قیمت مناسب‌تر باشند. در مجموع، درک مزایا و معایب این موقعیت می‌تواند به تصمیم‌گیری آگاهانه‌تر کمک کند.

• نزدیکی به خط راه‌آهن یا خطوط حمل‌ونقل عمومی

در مورد خرید خانه‌هایی که در نزدیکی خطوط راه‌آهن قرار دارند، بررسی دقیق شرایط پیش از تصمیم‌گیری بسیار حائز اهمیت است. یکی از مهم‌ترین عواملی که باید مدنظر قرار گیرد، میزان و تکرار عبور قطارها از آن منطقه است. باید بررسی کرد که قطارها با چه فواصل زمانی و در چه ساعاتی از روز تردد دارند و میزان آلودگی صوتی آن‌ها چقدر است. در برخی مناطق، عبور قطار ممکن است نادر باشد و وجود خط آهن اهمیت چندانی نداشته باشد.

از سوی دیگر، وجود خطوط حمل‌ونقل عمومی مانند اتوبوس یا مترو شهری نیز می‌تواند هم مزایا و هم معایبی داشته باشد. دسترسی آسان به حمل‌ونقل عمومی برای بسیاری از افراد مزیت بزرگی است، به‌ویژه اگر در زندگی روزمره از این وسایل استفاده می‌کنند. اما در مقابل، آلودگی صوتی و ازدحام ناشی از آن ممکن است برای برخی افراد ناخوشایند باشد.

ممکن است که واحد مورد نظر شما در سمت مخالف خط حمل‌ونقل شهری قرار داشته باشد یا ساختمان مجهز به پنجره‌های سه‌جداره و سیستم پیشرفته گرمایش و سرمایش باشد؛ در این صورت، آلودگی صوتی به حداقل خواهد رسید. بنابراین، بررسی دقیق این عوامل و ارزیابی تأثیر آن‌ها بر کیفیت زندگی می‌تواند به خریداران کمک کند تا تصمیم آگاهانه‌تری بگیرند.

• وجود نهر (Creek)، رودخانه و درخت

مخصوصا در خانه های ویلایی قدیمی محدودیت‌هایی برای ساخت مجدد خانه ایجاد کند.

وجود آب نزدیک به زمین می‌تواند احتمال سیل یا حضور حیوانات و حشرات را افزایش دهد. البته گروهی دوست دارند در کنار نهر یا رودخانه زندگی کنند. همچنین به درختان موجود در زمین توجه کنید، زیرا ممکن است مالک اجازه قطع آن‌ها را نداشته باشد و موظف به نگهداری و حفاظت از آن‌ها باشد. همچنین وجود نهر میتواند محدودیت هایی در زمان ساخت خانه ای جدید و بزرگتر در آن زمین ایجاد کند.

• شیب، شکل و جنس زمین

در خانه‌های ویلایی، زمین‌هایی با شکل مستطیلی یا نزدیک به مربع معمولاً برای ساخت‌وساز مناسب‌تر هستند، چرا که از نظر طراحی و بهره‌برداری از فضا انعطاف‌پذیری بیشتری دارند. در این میان، زمین‌هایی با برِ (Frontage) بزرگ‌تر نیز ارجحیت دارند، زیرا امکان تفکیک به دو یا چند قطعه را فراهم می‌کنند؛ موضوعی که می‌تواند از نظر سرمایه‌گذاری و سودآوری بسیار ارزشمند باشد.

همچنین، زمین‌های مسطح معمولاً نسبت به زمین‌های شیب‌دار ترجیح داده می‌شوند، چرا که ساخت‌وساز و طراحی در آن‌ها ساده‌تر است. با این حال، در برخی مناطق کوهپایه‌ای، زمین‌های شیب‌دار به دلیل منظره‌های زیبا و چشم‌اندازهای خاص، جذابیت بیشتری دارند. در این مناطق، خانه‌های لوکس اغلب به سیستم‌های گرمایشی رمپ و مسیر ورودی مجهز هستند تا رفت‌وآمد در فصل زمستان آسان‌تر شود. در هر صورت، زمین‌های شیب‌دار نیازمند بررسی‌های دقیق‌تری از نظر طراحی، دسترسی و ایمنی هستند.

جنس زمین هم اهمیت زیادی دارد؛ زمین‌های سنگی ممکن است برای ساخت‌وساز مناسب نباشند و هزینه‌های اضافی ایجاد کنند. همچنین زمین‌های سست یا با سطح آب زیرزمینی بالا می‌توانند در آینده برای فونداسیون و بیسمنت مشکلات جدی به‌وجود آورند.

• موقعیت خانه نسبت به سطح زمین

مخصوصاً در خانه های ویلایی خانه‌هایی که هم سطح زمین یا اندکی بالاتر قرار دارند، به خانه هایی که که ورودی و یا بخش زیادی مثل پنجره های واحد زیر زمین آن پایین تر از سطح زمین است ترجیح داده می‌شوند. خانه‌های واقع در ارتفاعات می‌توانند از دید زیباتر و امنیت بیشتری برخوردار باشند.

● منطقه و محیط محلی

میزان سر و صدا، نوع همسایگان و ویژگی‌های دیگر محلی را در نظر بگیرید. محله نقش مهمی در تصمیم‌گیری هنگام خرید ملک دارد و همچنین می‌تواند بر رشد قیمت آن تاثیر بزرگی داشته باشد. اگر با محله‌ای که قصد خرید خانه در آن را دارید آشنایی کامل ندارید، بهتر است پیش از خرید چند بار به آنجا سر بزنید، در خیابان‌ها بگردید و محیط، خانه‌ها و ساکنان را بررسی کنید تا بعد از خرید غافلگیر نشوید. همچنین می‌توانید اطلاعات جانبی مانند آمارهایی مانند مقدار جرم و جنایت، سطح تحصیلات و میانگین درآمدی ساکنین آن محل را جمع‌آوری کنید تا با دیدی بازتر تصمیم بگیرید. در زیر به برخی از این تأثیرات پرداخته شده است:

- امنیت:

مناطق با نرخ جرم پایین معمولاً مورد توجه خریداران هستند و این می‌تواند ارزش ملک را بیشتر کند.

- مدارس:

وجود مدارس با کیفیت بالا در یک منطقه می‌تواند تقاضا را افزایش دهد، به ویژه برای خانواده‌ها با کودکان.

- امکانات:

دسترسی آسان به مراکز خرید، پارک‌ها، بیمارستان‌ها و سایر امکانات می‌تواند ارزش ملک را افزایش دهد.

- حمل و نقل:

وجود دسترسی به شبکه‌های حمل و نقل عمومی یا شبکه‌های جاده‌ای اصلی می‌تواند بر ارزش ملک تأثیر بگذارد. نکته مهم اینجا هست که بخاطر موانع بسیار در گسترش راه‌ها و همچنین کم کردن آلایندگی، سیاست کلی در شهرهای در حال رشد بر این است که مردم هر چه بیشتر از سیستم حمل و نقل شهری استفاده کنند. بنابر این خانه هایی که دسترسی آسانتر به شبکه حمل و نقل شهری دارند مخصوصا مترو، در رشد قیمت بیشتری خواهند داشت.

- محیط طبیعی:

مناطقی که دارای مناظر طبیعی زیبا هستند یا نزدیک به فضاهای سبز مانند پارک‌ها و جنگل‌ها قرار دارند، ممکن است دارای ارزش بیشتری باشند.

- جمعیت محلی:

فرهنگ، همبستگی و فعالیت‌های اجتماعی محلی می‌تواند بر جذابیت یک منطقه افزوده کند. در صورت امکان زمانی را برای گشت و گذار در اطراف خانه مورد نظرتون بگذارید، به رستورانها، فروشگاه های و اماکن ورزشی و تفریحی اطراف سر بزنید، با اهالی صحبت کنی تا با محیط و فرهنگ محله آشنایی پیدا کنید.

یک نکته مهم که بسیاری از افراد به آن توجه ندارند این است که در کانادا، اغلب شهرها و محله‌ها برای زندگی مناسب هستند. امکانات رفاهی معمولاً در همه محله‌ها به شکلی گسترده و قابل‌قبول وجود دارد. یکی از چالش‌های رایج ما مشاوران املاک این است که به متقاضیان توضیح دهیم محله‌ای که در آن زندگی کرده‌اند یا با آن آشنا هستند، لزوماً بهترین یا مناسب‌ترین گزینه برای خرید یا سرمایه‌گذاری نیست.

بارها شاهد بوده‌ام که متقاضیان تنها تمایل دارند خانه‌ای در همان کوچه یا ساختمانی بخرند که پیش‌تر در آن زندگی کرده‌اند و به آن عادت دارند، در حالی که فرصت‌های بسیار مناسب‌تری در سایر مناطق وجود داشته که حتی حاضر به بررسی آن‌ها نشده‌اند.

به یاد داشته باشیم که خرید خانه یکی از بزرگ‌ترین و مهم‌ترین تصمیمات زندگی هر فرد است، و یک انتخاب نادرست می‌تواند پیامدهایی فراتر از مسائل مالی داشته باشد. بنابراین، پیش از هر تصمیم‌گیری، چندین محله را بدون پیش‌داوری بررسی کنید تا اطمینان یابید که مناسب‌ترین منطقه را با توجه به شرایط، بودجه و اهداف خود انتخاب کرده‌اید.

-پروژه‌های توسعه:

طرح‌های توسعه‌ای آینده می‌تواند بر روی ارزش ملک تاثیر بگذارد. به عنوان مثال، ساخت یک مرکز خرید جدید یا یک ایستگاه قطار می‌تواند ارزش ملک را در آن منطقه افزایش دهد.

- مالیات‌ها:

نرخ مالیات ملک در مناطق مختلف ممکن است متفاوت باشد و این می‌تواند بر تصمیم خریداران تأثیر بگذارد.

- اجاره بها:

لزوما اجاره بها نسبت به اختلاف قیمت دوملک تفاوت نمیکند. مثلا اجاره بهای یک واحد یک خوابه میلیون دلاری در یک محله گران ۳۰۰۰ دلار باشد ممکن است اجاره بهای یک واحد مشابه پانصد هزار دلاری در محله ای دیگر ۲۰۰۰ دلار باشد. پس دوبرابر شدن قیمت خانه به معنای دو برابر شدن اجاره بها نیست.

- مستاجران

اگر قصد دارید بخشی یا تمام ملک خود را اجاره دهید، باید به این نکته توجه داشته باشید که مستاجر شما از چه قشری خواهد بود. سطح فرهنگی و توان مالی افراد تأثیر زیادی بر کیفیت روابط و تجربیات میان مالک و مستاجر دارد. مستاجران را می‌توان به چند گروه اصلی تقسیم کرد که هر یک مزایا و معایب خاص خود را دارند. در ادامه به بررسی برخی از این گروه‌ها می‌پردازیم:

i) مستاجران جوان

مزایا: اغلب پویا و فعال هستند و معمولاً در مدت‌زمان کوتاه‌تری به امور اداری یا تعمیرات پاسخ می‌دهند. همچنین، ممکن است روابط اجتماعی خوبی با همسایگان برقرار کنند.

معایب: ممکن است بی‌ثبات باشند و در مدت‌زمان کوتاه به‌دنبال تغییر محل زندگی باشند. همچنین، تجربه کمتری در نگهداری از ملک دارند.

ii) خانواده‌ها

مزایا: معمولاً به‌دنبال ثبات و سکونت بلندمدت هستند و ممکن است سال‌ها در

یک ملک بمانند.

معایب: به دلیل حضور کودکان، ممکن است نیاز به نگهداری و تعمیرات بیشتری داشته باشند.

iii) مستاجران سالمند

مزایا: اغلب آرام، مسئولیت‌پذیر و به‌دنبال محیطی بدون تنش هستند.

معایب: ممکن است نیازهای ویژه‌ای داشته باشند یا به امکانات خاصی نیازمند باشند.

iv) مستاجران حرفه‌ای

مزایا: معمولاً به‌دنبال ملک‌هایی با استاندارد بالا هستند و پرداخت‌های خود را به‌موقع انجام می‌دهند.

معایب: ممکن است انتظارات بالایی از ملک و صاحب‌خانه داشته باشند.

v) دانشجویان

مزایا: اغلب به‌دنبال اجاره‌های کوتاه‌مدت هستند که به مالک امکان می‌دهد اجاره‌بها را به‌روز نگه دارد. این گروه معمولاً در مناطق نزدیک به دانشگاه‌ها و مؤسسات آموزشی متمرکز هستند.

معایب: ممکن است در نگهداری از ملک بی‌دقت باشند یا با مشکلات مالی روبه‌رو شوند. همچنین، احتمال خالی ماندن ملک در برخی زمان‌ها وجود دارد.

در زمان انتخاب مستاجر، بهتر است مالکان به سوابق و تجربیات گذشته مستاجر توجه کنند و تنها بر اساس گروه یا قشر اجتماعی تصمیم‌گیری نکنند. این رویکرد به تصمیم‌گیری‌های آگاهانه‌تر و واقع‌بینانه‌تر کمک می‌کند.

ارائه پیشنهاد خرید و مذاکره

پس از پیدا کردن ملک مناسب، مرحله بعدی، ارائه پیشنهاد خرید است. برای داشتن یک مذاکره موفق، لازم است با قوانین مربوط به قراردادهای خرید و فروش، بندها و شروط رایج آن‌ها، و روش صحیح ارزیابی ارزش ملک آشنا باشیم. در ادامه، انواع شرایط بازار از نظر عرضه و تقاضا بررسی شده و استراتژی‌های مناسب برای مذاکره در هر یک از این شرایط مرور می‌شود. این فرایند نه‌تنها باعث می‌شود با اطمینان بیشتری تصمیم‌گیری کنیم، بلکه می‌تواند به بهبود مفاد قرارداد و رسیدن به بهترین نتیجه ممکن نیز کمک کند.

قانون قرارداد

در حقوق کانادا، یک قرارداد معتبر خرید و فروش دارای هفت جزء اصلی است که در ادامه به آن‌ها می‌پردازیم:

۱. پیشنهاد[1]

این نخستین گام برای تشکیل قرارداد است. یک طرف (پیشنهاددهنده) به‌طور رسمی پیشنهادی را به طرف دیگر ارائه می‌دهد.

۲. پذیرش[2]

طرف دیگر باید پیشنهاد را بدون هیچ تغییری بپذیرد. پذیرش باید دقیقاً مطابق با متن پیشنهاد باشد تا یک قرارداد معتبر شکل بگیرد. در اینجا لازم می‌دانم شما را با چند نکته بسیار مهم که باید هنگام مذاکره در نظر داشته باشید، آشنا کنم:

هر پیشنهاد جدید به معنای فسخ پیشنهاد قبلی است

در فرآیند مذاکره برای خرید یا فروش ملک، زمانی‌که یک طرف، پیشنهادی جدید در پاسخ به پیشنهاد طرف مقابل ارائه می‌دهد، این پیشنهاد جدید به‌منزله‌ی رد یا فسخ پیشنهاد قبلی تلقی می‌شود. زیرا پیشنهاد جدید دارای شرایط و جزئیات متفاوتی است و درواقع، به‌عنوان رد صریح پیشنهاد قبلی شناخته می‌شود.

---

1. Offer
2. Acceptance

مثال:

i. خریدار A پیشنهادی به مبلغ ۵۰۰٫۰۰۰ دلار ارائه می‌دهد.

ii. فروشنده در پاسخ، پیشنهادی متقابل به مبلغ ۵۲۰٫۰۰۰ دلار ارائه می‌دهد.

iii. خریدار A پیشنهادی جدید به مبلغ ۵۱۰٫۰۰۰ دلار ارائه می‌کند.

در این مثال، پیشنهاد فروشنده (۵۲۰٫۰۰۰ دلار) به‌منزله‌ی رد پیشنهاد اول خریدار (۵۰۰٫۰۰۰ دلار) است و پیشنهاد جدید خریدار (۵۱۰٫۰۰۰ دلار)، نیز به‌منزله‌ی فسخ پیشنهاد متقابل فروشنده محسوب می‌شود. بنابراین، هر پیشنهاد متقابل، پیشنهاد قبلی را باطل کرده و می‌تواند موجب از دست رفتن کامل معامله شود.

تأیید کتبی

هرگونه تغییر در پیشنهاد باید به‌صورت کتبی انجام شود و توسط هر دو طرف تأیید گردد. همچنین، این تأییدیه باید در زمان مناسب به اطلاع طرف مقابل برسد.

زمان‌بندی

در مذاکرات ملکی، زمان‌بندی بسیار حائز اهمیت است. اطمینان حاصل کنید که هر پیشنهاد یا پیشنهاد متقابل، در چارچوب زمانی مشخص‌شده بررسی و پاسخ داده شود.

نکته مهم: در معاملات ملک، پیشنهاددهنده (خواه خریدار و خواه فروشنده) حق دارد پیشنهاد خود را تا پیش از اعلام پذیرش رسمی طرف مقابل، لغو کند. این بدان معناست که تا زمان اعلام کتبی و قانونی پذیرش، پیشنهاد قابل بازگشت و ابطال است. بنابراین، اگر معامله برای شما اهمیت دارد، در اسرع وقت به پیشنهاد طرف مقابل پاسخ دهید.

شفافیت

برای جلوگیری از سوء تفاهم، هر پیشنهاد یا تغییر باید به‌صورت کاملاً شفاف و روشن بیان شود. ابهام در پیشنهاد یا قرارداد می‌تواند موجب باطل شدن آن از سوی دادگاه شود.

۳. معوض[1]

معوض یا مابه‌ازا، به معنای تبادل ارزش میان طرفین قرارداد است. در قرارداد خرید و فروش ملک، این به معنی پرداخت مبلغ مشخصی از سوی خریدار در برابر انتقال ملک از سوی فروشنده است. این مبلغ می‌تواند وجه نقد، دارایی دیگر، یا حتی خدمات باشد، اما باید دارای ارزش واقعی و مشخص باشد. بدون وجود معوض معتبر، قرارداد ممکن است غیرقانونی یا غیرقابل اجرا تلقی شود.

۴. قصد قانونی

هر دو طرف باید با قصد ایجاد روابط حقوقی الزام‌آور وارد قرارداد شوند. این قصد باید واقعی و صریح باشد.

۵. گنجایش[2]

این بند به توانایی قانونی طرفین برای انعقاد قرارداد اشاره دارد. افراد باید بالغ، عاقل و دارای صلاحیت حقوقی باشند تا بتوانند قراردادی معتبر منعقد کنند.

۶. موضوع قانونی[3]

موضوع قرارداد باید مشروع و قانونی باشد. در قرارداد خرید ملک، این بدان معناست که ملک مورد نظر باید شرایط قانونی برای خرید و فروش داشته باشد و معامله نباید برخلاف قوانین کشور باشد. موضوع قرارداد همچنین نباید شامل فعالیت‌های غیرقانونی باشد.

۷. رضایت واقعی[4]

رضایت طرفین باید آزادانه و بدون اجبار یا فریب باشد. همچنین، هر دو طرف باید نسبت به مفاد و شرایط قرارداد آگاه باشند. در صورتی‌که رضایت یکی از طرفین تحت فشار یا فریب حاصل شده باشد، قرارداد ممکن است بی‌اعتبار تلقی شود.

---

1. Consideration
2. Capacity
3. Legal Object
4. Genuine Consent

اگر یکی از این اجزاء در قرارداد وجود نداشته باشد، ممکن است قرارداد از نظر حقوقی نامعتبر باشد. این اصول، تضمین می‌کنند که هر دو طرف آگاهانه و با درک کامل وارد توافقی رسمی و الزام‌آور شده‌اند. به خاطر داشته باشید که قوانین جزئی ممکن است در استان‌های مختلف کانادا تفاوت‌هایی داشته باشند. بنابراین، مشاوره با یک وکیل یا مشاور حرفه‌ای املاک در هر مرحله از معامله اکیداً توصیه می‌شود.

مفاد و شروط متداول در قرارداد[1]

قراردادهای خرید و فروش خانه در کانادا شامل مفاد و شروط متعددی هستند که در زمان مذاکره و ارائه پیشنهاد، مورد بحث و بررسی قرار می‌گیرند. اما زمانی که توافق حاصل شود، این مفاد معمولاً قطعی تلقی شده و طرفین موظف به اجرای آن‌ها هستند. این موارد می‌توانند شامل زمان‌بندی خرید و فروش، تاریخ تحویل ملک، و سایر جزئیات مرتبط باشند.

شروط درج‌شده در قرارداد باید در مدت‌زمان مشخصی برآورده شوند، در غیر این صورت، قرارداد به‌طور خودکار فسخ خواهد شد. به تاریخی که هر یک از این شروط باید به‌صورت کتبی برداشته شود، اصطلاحاً Subject Removal Date گفته می‌شود. مهلت‌های تعیین‌شده برای این شروط بسیار مهم بوده و باید به‌گونه‌ای تنظیم شوند که هم برای خریدار و هم برای فروشنده قابل‌قبول باشند.

این تاریخ‌ها به خریداران فرصت می‌دهند تا تمامی بررسی‌های لازم را قبل از نهایی‌کردن خرید انجام دهند و در عین حال، فروشندگان نیز از پیشرفت روند معامله در یک بازه زمانی منطقی مطمئن می‌شوند. این شروط و زمان‌بندی‌ها نه‌تنها امکان انجام معامله‌ای شفاف و عادلانه را فراهم می‌کنند، بلکه از حقوق هر دو طرف نیز محافظت می‌کنند.

---

1. Terms and Conditions

در ادامه به توضیح برخی از متداول‌ترین مفاد و شروط قرارداد خرید ملک می‌پردازیم:

قیمت پیشنهادی

قیمت پیشنهادی مبلغی است که پیشنهاددهنده مایل به پرداخت یا دریافت آن برای انجام معامله است. این مبلغ می‌تواند بیشتر یا کمتر از قیمت آگهی شده باشد. گاهی فروشنده قیمت را کمتر از ارزش واقعی اعلام می‌کند تا خریداران بیشتری جذب کند و رقابت ایجاد شود؛ و گاهی نیز قیمت را بالاتر اعلام می‌کند تا فضای چانه‌زنی باقی بماند.

مبلغ ودیعه

خریدار معمولاً با ارائه چک تضمینی، مبلغی را به‌عنوان ودیعه به حساب امانی دفتر املاک واریز می‌کند. این مبلغ در زمان انجام معامله، به‌عنوان بخشی از پیش‌پرداخت، به وکیل یا دفترخانه تحویل داده می‌شود تا به فروشنده منتقل شود. در صورت نقض تعهدات توسط خریدار، این وجه به‌عنوان جریمه به فروشنده تعلق می‌گیرد. اگر فسخ قرارداد قانونی باشد، مبلغ ودیعه به خریدار بازگردانده می‌شود. معمولاً این مبلغ حدود پنج الی ده درصد از کل قیمت خرید است.

تاریخ بسته شدن معامله

این تاریخ می‌تواند هر زمانی باشد که مورد توافق طرفین قرار می‌گیرد، اما اغلب بین ۳۰ تا ۱۲۰ روز پس از پذیرش پیشنهاد تعیین می‌شود. در این تاریخ، مالکیت رسمی ملک به خریدار منتقل می‌شود. در صورت خرید از طریق وام، این تاریخ باید با مشاور وام بررسی شود تا با زمان‌بندی بانک هماهنگ باشد.

مهلت بررسی ملک

خریداران معمولاً بین ۵ تا ۱۰ روز کاری فرصت می‌خواهند تا ملک را بررسی و مدارک لازم را ارزیابی کنند. در قرارداد باید ذکر شود که خریدار اجازه بازرسی دارد و اگر هزینه مشکلات کشف‌شده از حدی بیشتر باشد، حق فسخ قرارداد را خواهد داشت.

شرط دریافت وام مسکن

خریدار زمانی را (معمولاً بین ۵ تا ۱۰ روز کاری) برای نهایی‌کردن وام مسکن درخواست می‌کند؛ زیرا علاوه بر خریدار، ملک نیز باید توسط بانک بررسی و تأیید شود. پیش از ارائه پیشنهاد خرید، مدت‌زمان لازم برای اخذ تأییدیه نهایی را با مورگیج بروکر بررسی کنید.

شرط دریافت بیمه ساختمان

خریدار زمانی (مثلاً ۵ تا ۱۰ روز کاری) برای اطمینان از امکان بیمه کردن ملک برای خطراتی

چون آتش‌سوزی، سیل یا زلزله درخواست می‌کند. در برخی موارد، ارائه بیمه‌نامه شرط لازم برای اعطای وام مسکن است.

شرط تمیزی ملک

خریدار ممکن است درخواست کند خانه به‌صورت خالی و تمیز تحویل داده شود و حتی تمیزکاری حرفه‌ای انجام شود و رسید آن ارائه شود. این تمیزکاری می‌تواند شامل شست‌وشوی موکت‌ها و تمیزکاری کامل منزل باشد. پذیرش این شرط به توافق دو طرف بستگی دارد.

دسترسی پیش از انتقال سند

خریدار ممکن است درخواست کند پیش از انتقال رسمی سند، در چند نوبت به ملک دسترسی داشته باشد. این بازدیدها می‌تواند برای اندازه‌گیری، بازدید پیمانکار، بررسی نهایی یا ارزیابی بانک باشد. این شرط به خریدار آرامش خاطر و اطمینان از وضعیت ملک می‌دهد.

وسایل خانگی

در بسیاری از معاملات، خریدار خواستار باقی‌ماندن وسایلی مانند لوسترها، یخچال، ماشین لباسشویی یا پرده‌ها است. این وسایل عموماً وسایلی هستند که به نوعی به خانه وصل هستند که به آنها Fixtures گفته می‌شود. اگر خریدار خواهان وسایل خاصی باشد (مثلاً مجسمه یا فرش خاص)، باید حتماً از ابتدا به ریلتور اعلام و در قرارداد قید شود. به وسایلی که به خانه متصل نیست و عموماً دارایی فروشنده به حساب می‌آید Chatteles گفته می‌شود. اغلامی که ممکن است ایجاد شبه کند مانند تلویزیونی که به دیوار متصل است بهتر است که از قبل بر سر آنها توافق صورت گیرد و در قرارداد مشخصاً نوشته شود.

شرط نبود منبع سوخت زیرزمینی

این شرط تضمین می‌کند که ملک فاقد منبع ذخیره سوخت زیرزمینی است. وجود چنین منبعی ممکن است منجر به آلودگی خاک شود که رفع آن بسیار هزینه‌بر است. در صورت کشف منبع سوخت پس از خرید، تمامی هزینه‌های خارج‌سازی و پاک‌سازی خاک به‌عهده فروشنده خواهد بود.

شروط قراردادی

موارد خاصی که خریدار یا فروشنده ممکن است بخواهند به قرارداد اضافه کنند، مانند شرط انجام کارهای تعمیری یا بهبودهای خاص.

فسخ قرارداد

شرایط و زمان‌بندی‌هایی که بر اساس آن هر یک از طرفین می‌توانند بدون جریمه یا با پرداخت جریمه‌ای مشخص از قرارداد خارج شوند.

شرط فروش ملک خریدار

در برخی موارد، پیشنهاد خرید به‌صورت مشروط به فروش ملک فعلی خریدار ارائه می‌شود. این شرط اگرچه تا حدی از خریدار محافظت می‌کند، اما معمولاً برای فروشندگان جذابیت کمتری دارد، به‌ویژه در بازارهای رقابتی و شرایط چندپیشنهادی.

برای کاهش ریسک فروشنده، این شرط اغلب همراه با بندی تحت عنوان شرط خروج [1] درج می‌شود که معمولاً با نام «شرط چهل‌وهشت‌ساعته» شناخته می‌شود، هرچند مدت‌زمان آن ممکن است متفاوت باشد. بر اساس این بند، در صورتی که فروشنده پیشنهاد قابل‌قبول دیگری دریافت کند، می‌تواند به‌صورت کتبی به خریدار اول اطلاع دهد. پس از دریافت این اخطار، خریدار تنها برای مدت محدودی فرصت دارد تا یا شرط مربوط به فروش ملک خود را حذف کرده و معامله را بدون هیچ شرطی ادامه دهد، یا اجازه دهد قرارداد خاتمه یابد تا فروشنده بتواند پیشنهاد جدید را بپذیرد.

این بند تعادلی منطقی میان انعطاف‌پذیری و انصاف ایجاد می‌کند. از یک‌سو به خریدار فرصت برنامه‌ریزی، تأمین منابع مالی یا نهایی‌کردن وام را می‌دهد و از سوی دیگر، فروشنده را از بلاتکلیفی طولانی‌مدت محافظت می‌کند. خریداران باید آگاه باشند که پس از دریافت اخطار، خطر از دست دادن ملک فوری است و تصمیم‌گیری باید با سرعت و دقت انجام شود.

هرچند این نوع شرط ممکن است در بازارهای کند و کم‌رقابت قابل اجرا باشد، اما در بازارهای قوی، توان رقابتی خریدار را به‌طور قابل‌توجهی کاهش می‌دهد.

نمونه مثال زمانی
پیشنهاد مشروط به فروش ملک خریدار همراه با شرط خروج

روز ۱:

خریدار «الف» پیشنهادی ارائه می‌دهد که مشروط به فروش ملک فعلی اوست. فروشنده پیشنهاد را می‌پذیرد و قرارداد شامل شرط خروج چهل‌وهشت‌ساعته است.

روز ۱۰:

خریدار «الف» هنوز موفق به فروش ملک خود نشده و شرط مربوطه را حذف نکرده است.

---

1. Escape Clause

روز ۱۱:

فروشنده پیشنهاد قابل‌قبول دیگری از خریدار «ب» دریافت می‌کند که فاقد شرط فروش ملک است.

روز ۱۱ (همان روز):

فروشنده به‌صورت کتبی به خریدار «الف» اطلاع می‌دهد و شرط خروج فعال می‌شود.

روزهای ۱۲ تا ۱۳:

خریدار «الف» از زمان دریافت اخطار، چهل‌وهشت ساعت فرصت دارد که یکی از اقدامات زیر را انجام دهد:

- شرط مربوط به فروش ملک فعلی خود را حذف کرده و معامله را بدون شرط ادامه دهد؛ یا
- هیچ اقدامی انجام ندهد که در این صورت، قرارداد به‌صورت خودکار در پایان مهلت چهل‌وهشت‌ساعته خاتمه می‌یابد.

روز ۱۳:

در صورتی که خریدار «الف» در مهلت مقرر شرط را حذف کند، قرارداد اولیه ادامه پیدا می‌کند. در غیر این صورت، قرارداد منفسخ شده و فروشنده می‌تواند پیشنهاد خریدار «ب» را بپذیرد.

تاریخ‌های مندرج در قرارداد خرید و فروش ملک در بریتیش کلمبیا به‌ویژه تاریخ‌های تکمیل و تحویل از نظر حقوقی الزام‌آور هستند و اصل «زمان عامل تعیین‌کننده است[1]» بر آن‌ها حاکم است. به همین دلیل، هرگونه تأخیر در انجام تعهدات بدون توافق کتبی قبلی، نقض قرارداد محسوب می‌شود و می‌تواند منجر به فسخ قرارداد، طرح دعوی حقوقی و یا مطالبه خسارت گردد.

همچنین، در صورتی که شروط مندرج در قرارداد تا مهلت تعیین‌شده به‌طور رسمی حذف یا تأیید نشوند، قرارداد به‌صورت خودکار منفسخ (باطل) خواهد شد. لازم به ذکر است که هرگونه تغییر در تاریخ‌های قراردادی تنها از طریق اصلاحیه رسمی[2] و با توافق و امضای هر دو طرف امکان‌پذیر است.

---

1. Time is of the Essence
2. Amendment

این فهرست شامل رایج‌ترین شروط است، اما هر معامله ممکن است شرایط خاص خود را داشته باشد. هرچه تعداد شروط و یا مهلت درخواست‌شده برای برطرف کردن این شروط در یک پیشنهاد خرید کمتر و کوتاه‌تر باشد، آن پیشنهاد برای فروشنده جذاب‌تر خواهد بود. همیشه بهتر است خریداران برای اطمینان از حمایت قانونی و دستیابی به توافقی مطمئن، با یک وکیل معاملات املاک یا مشاور املاک حرفه‌ای مشورت کنند.

ارزیابی قیمت ملک[1]

روش‌های مختلفی برای ارزیابی قیمت یک ملک وجود دارد که با توجه به نوع ملک و هدف ارزش‌گذاری انتخاب می‌شوند. در ادامه، سه رو رایج برای ارزیابی ملک آورده شده‌اند:

۱. روش هزینه:

در این روش، هزینه‌های بازسازی یا جایگزینی ملک برآورد می‌شود. این روش معمولاً برای ارزیابی املاک خاص مانند مدارس یا کلیساها استفاده می‌شود و به دو بخش هزینه بازسازی ساختمان و ارزش زمین تقسیم می‌شود.

۲. روش درآمد:

در این روش، ارزش ملک بر اساس درآمد آینده‌ای که می‌تواند ایجاد کند، تخمین زده می‌شود. یعنی سود مورد انتظار از سرمایه‌گذاری در ملک با در نظر گرفتن ریسک و نرخ بهره بازار محاسبه می‌گردد. این روش بیشتر برای ارزیابی املاک تجاری یا سرمایه‌گذاری به‌کار می‌رود.

۳. روش فروش مشابه:

این روش یکی از رایج‌ترین روش‌های ارزیابی برای املاک مسکونی است. در این روش، قیمت ملک با مقایسه آن با املاک مشابهی که اخیراً در همان منطقه فروخته شده‌اند، تعیین می‌شود.

ابتدا اطلاعات مربوط به فروش املاک مشابه شامل قیمت، اندازه، سن ساختمان، تعداد اتاق‌ها و سایر ویژگی‌ها جمع‌آوری می‌شود. سپس این املاک با ملک مورد نظر مقایسه می‌شوند. عواملی مانند موقعیت مکانی، وضعیت فیزیکی، امکانات و شرایط بازار در این مقایسه نقش دارند. معمولاً جدولی تنظیم می‌شود تا تفاوت‌ها و شباهت‌ها روشن شود و بر اساس آن، قیمت تقریبی ملک تخمین زده شود.

---

1. Appraising

این روش به دلیل سادگی و قابلیت اجرایی بالا بسیار پرکاربرد است. مذاکرات میان خریدار و فروشنده اغلب حول این موضوع می‌چرخد که کدام ملک قابل مقایسه‌تر است و چرا قیمت‌ها تفاوت دارند. در نهایت، این گفت‌وگوها به تعیین قیمت منصفانه ملک منتهی می‌شود.

۴. پتانسیل آینده:

هرکدام از روش‌های فوق برای شرایط خاصی مناسب هستند، اما ترکیب آن‌ها می‌تواند نتایج دقیق‌تری ارائه دهد. همچنین باید توجه داشت که پتانسیل آینده ملک نقش مهمی در ارزش‌گذاری دارد. در ادامه دو مثال برای روشن‌تر شدن این موضوع آورده شده است:

مثال اول: فرض کنید ملکی در منطقه‌ای قرار دارد که طبق طرح‌های شهری، در آینده قرار به گسترش مترو به آن منطقه است و یا قرار به ساخت مجتمع خرید شیک است. این تغییر کاربری بالقوه می‌تواند ارزش ملک را افزایش دهد.

مثال دوم: ملکی در منطقه‌ای قرار دارد که اخیراً ضوابط ساخت‌وساز آن تغییر کرده و امکان ساخت آپارتمان به‌جای خانه‌های تک‌واحدی فراهم شده است. در نتیجه، ارزش زمین و ملک به‌طور قابل توجهی افزایش خواهد یافت.

درک عمیق از موقعیت فعلی و آینده ملک، می‌تواند به سرمایه‌گذاری هوشمندانه‌تری منجر شود.

مذاکره برای قیمت و شرایط قرارداد

در مسیر خرید ملک، مذاکره برای قیمت و شرایط قرارداد یکی از مهم‌ترین و گاهی دشوارترین مراحل است. این فرآیند نه‌تنها نیازمند آمادگی و دانش است، بلکه مستلزم آن است که خریداران و فروشندگان با آگاهی، هوشمندی، انعطاف‌پذیری و توانایی ایجاد ارتباط مؤثر وارد مذاکره شوند.

آمادگی برای مذاکره با جمع‌آوری اطلاعات کافی از بازار ملک آغاز می‌شود. شناسایی اولویت‌ها و تعیین حداکثر بودجه مورد نظر برای خرید، همراه با تحقیقات دقیق در مورد ارزش ملک، بررسی روندهای اقتصادی بازار مسکن و شرایط وام، می‌تواند به شما کمک کند تا با اطمینان بیشتری وارد مذاکره شوید و استراتژی مناسبی برای موفقیت انتخاب کنید. دانش و تجربه، رمز موفقیت شما خواهند بود.

در ادامه به سه حالت اصلی حاکم بر بازار ملک و تحلیل آن‌ها پرداخته می‌شود.

تحلیل وضعیت بازار مسکن

نسبت فروش به فایل‌های فعال[1]

شاخصی ساده اما کلیدی برای سنجش وضعیت بازار مسکن است. این نسبت نشان می‌دهد از میان تمام خانه‌هایی که در بازار برای فروش لیست شده‌اند، چه تعداد در یک بازه زمانی مشخص (معمولاً یک ماه) به فروش رسیده‌اند.

به زبان ساده، این شاخص کمک می‌کند بفهمیم بازار بیشتر به نفع فروشنده‌هاست یا خریدارها:

- اگر این نسبت بالا باشد (مثلاً بالای ۲۰ درصد)، یعنی خانه‌ها سریع فروش می‌روند و بازار در کنترل فروشندگان است.
- اگر پایین باشد (مثلاً زیر ۱۲ درصد)، یعنی خانه‌های زیادی بدون فروش در بازار مانده‌اند و خریداران قدرت چانه‌زنی بیشتری دارند.
- اگر بین ۱۲ درصد تا ۲۰ درصد باشد، بازار متعادل است؛ یعنی شرایط تقریباً برای خریدار و فروشنده برابر است.

این شاخص ابزاری مفید برای تحلیل بازار و تصمیم‌گیری آگاهانه در خرید یا فروش ملک محسوب می‌شود.

شاخص ماه‌های ذخیره موجودی[2]

یکی دیگر از شاخص‌های پرکاربرد در تحلیل شرایط بازار مسکن، شاخص ماه‌های ذخیره موجودی (MOI) است. این شاخص نشان می‌دهد که اگر هیچ فایل جدیدی وارد بازار نشود، با سرعت فعلی فروش، چه مدت زمانی (بر حسب ماه) طول می‌کشد تا تمام املاک موجود به فروش برسند.

---

1. Sales-to-Active Listings Ratio)
2. Months of Inventory – MOI

شاخص MOI تصویر روشنی از تعادل میان عرضه و تقاضا ارائه می‌دهد:

- **بازار فروشنده:**
کمتر از ۴ ماه موجودی
نشان‌دهنده تقاضای بالا و کمبود عرضه در بازار است.

- **بازار متعادل:**
بین ۴ تا ۶ ماه موجودی
بیانگر تعادل نسبی میان قدرت چانه‌زنی خریداران و فروشندگان است.

- **بازار خریدار:**
بیش از ۶ ماه موجودی
نشان‌دهنده مازاد عرضه و افزایش قدرت مذاکره خریداران می‌باشد.

زمانی که شاخص MOI در کنار نسبت فروش به فایل‌های فعال (Sales-to-Active Listings Ratio) مورد استفاده قرار می‌گیرد، شرایط بازار از دو زاویه مکمل تأیید می‌شود؛ یکی بر اساس زمان و دیگری بر اساس میزان فعالیت فروش. تحلیل‌گران حرفه‌ای بازار مسکن معمولاً از هر دو شاخص به‌صورت هم‌زمان استفاده می‌کنند تا به ارزیابی دقیق‌تر و قابل‌اعتمادتری از وضعیت بازار دست یابند.

عوامل متعددی می‌توانند جهت‌گیری بازار را تغییر دهند، از جمله: سیاست‌های مالی دولت، نرخ بهره بانکی، شرایط اقتصاد کلان، جمعیت‌شناسی منطقه، توسعه‌های محلی، و حتی رویدادهای طبیعی یا بحران‌ها. تشخیص دقیق وضعیت بازار در هر منطقه خاص نیازمند تجربه و تخصص است؛ بنابراین، مشورت با کارشناسان بازار املاک بسیار سودمند خواهد بود.

در ادامه، دو حالت اصلی بازار را به‌صورت تفصیلی بررسی می‌کنیم و استراتژی‌های مناسب برای هر کدام ارائه می‌شود.

بازار فروشنده‌محور[1]

وقتی بازار فروشنده‌محور است، یعنی تقاضا برای خرید ملک نسبت به عرضه بیشتر است. در این شرایط، قیمت‌ها معمولاً در حال افزایش هستند و فروشندگان در موقعیتی قوی قرار دارند.

ویژگی‌های این بازار عبارت‌اند از:

۱. **تقاضای بالا:** خریداران زیادی در جست‌وجوی ملک هستند، اما ملک‌های موجود محدودند.

۲. **افزایش قیمت‌ها:** به دلیل رقابت خریداران، قیمت‌ها افزایش می‌یابد.

۳. **فروش سریع:** ملک‌ها در مدت‌زمان کوتاهی به فروش می‌رسند، گاهی حتی در چند ساعت.

۴. **پیشنهادات متعدد:** فروشندگان معمولاً چندین پیشنهاد برای یک ملک دریافت می‌کنند.

اگر قصد خرید در این بازار دارید، استراتژی‌های زیر مفید خواهند بود:

۱. **تحقیق بازار:** اطلاعات به‌روز از قیمت‌ها، ترندها و شرایط منطقه‌ای به تصمیم‌گیری درست کمک می‌کند.

۲. **ودیعه قوی:** پیشنهاد همراه با پیش‌پرداخت بالا جذاب‌تر است.

۳. **پیشنهاد سریع:** در این بازار، تأخیر ممکن است به از دست دادن فرصت منجر شود.

۴. **پیشنهاد رقابتی:** پیشنهاد پایین‌تر از قیمت بازار شانس زیادی برای پذیرش نخواهد داشت.

۵. **کاهش شروط محدودکننده:** در صورت امکان، شروطی مانند وابستگی به فروش ملک فعلی یا تأمین وام را حذف یا ساده‌سازی کنید.

۶. **تأیید مالی قبلی:** دریافت پیش‌تأییدیه وام از سوی بانک یا مؤسسه مالی اعتبار شما

---

1. Seller's Market

را نزد فروشنده بالا می‌برد.

۷. انعطاف‌پذیری زمانی: اگر می‌توانید در تاریخ انتقال یا تسویه حساب انعطاف نشان دهید، احتمال پذیرش پیشنهادتان افزایش می‌یابد.

۸. آمادگی برای رد شدن: ممکن است پیشنهادتان چندین بار رد شود. صبر و تداوم کلید موفقیت است.

۹. بازرسی ملک: حتی در شرایط رقابتی، از بازرسی فنی ملک غافل نشوید.

بازار خریدارمحور[1]

در این وضعیت، عرضه ملک بیشتر از تقاضاست. در نتیجه، قیمت‌ها تحت فشار کاهش هستند و خریداران در موضع قدرت قرار می‌گیرند.

ویژگی‌های این بازار عبارت‌اند از:

۱. عرضه بالا: ملک‌های زیادی برای فروش در دسترس هستند.

۲. کاهش قیمت‌ها: فروشندگان برای جذب خریدار ممکن است قیمت‌ها را کاهش دهند.

۳. زمان فروش طولانی: ملک‌ها مدت بیشتری در بازار باقی می‌مانند.

۴. امکان مذاکره بالا: خریداران می‌توانند شرایط مالی و فنی مطلوب‌تری درخواست کنند.

در این بازار، استراتژی‌های زیر مفید هستند:

۱. تحقیق بازار: فرصت خوبی است برای مقایسه دقیق گزینه‌ها و شناخت قیمت‌های منصفانه.

۲. مذاکره برای قیمت: می‌توانید پیشنهاد زیر قیمت بازار بدهید و برای تخفیف چانه بزنید.

۳. تعیین شرایط معامله: کنترل بیشتری روی تاریخ انتقال، شرایط پرداخت، یا حتی درخواست تخفیف و تعمیرات دارید.

---

1. Buyer's Market

۴. **انتخاب گسترده:** فرصت انتخاب بین گزینه‌های بیشتر و متنوع‌تر دارید.

۵. **بازرسی کامل ملک:** وقت کافی برای بررسی فنی ملک را دارید؛ از این مزیت استفاده کنید.

۶. **درخواست شرایط خاص:** می‌توانید درخواست‌هایی مانند تعمیرات یا اضافه کردن امکانات خاص را مطرح کنید.

۷. **خرید بدون فشار:** در چنین بازاری، تصمیم‌گیری عجولانه لازم نیست؛ با آرامش خرید کنید.

۸. **انتظار برای امتیازات:** فروشنده ممکن است برای فروش سریع‌تر، شرایط ویژه مانند تخفیف یا وام درون‌معامله‌ای پیشنهاد دهد.

۹. **بررسی دقیق قرارداد:** فرصت کافی برای مطالعه و اصلاح قرارداد پیش از امضا وجود دارد.

بازار متعادل [1]

بازار متعادل شرایطی است که در آن تقاضا و عرضه ملک تقریباً برابر است. در چنین بازاری، قیمت‌ها معمولاً ثابت می‌مانند و خریداران و فروشندگان در وضعیت مشابهی قرار دارند.

ویژگی‌های این بازار عبارت‌اند از:

۱. **توازن عرضه و تقاضا:** تعداد ملک‌های موجود برای فروش و تعداد خریداران بالقوه تقریباً برابر است.

۲. **قیمت‌های پایدار:** قیمت‌ها نه به سرعت افزایش می‌یابند و نه کاهش می‌یابند. تغییرات قیمت معمولاً محدود و تدریجی است.

۳. **زمان متوسط فروش ملک:** ملک‌ها در بازه زمانی معمولی فروخته می‌شوند؛ نه خیلی سریع و نه خیلی کند.

۴. **پیشنهادات معقول:** فروشندگان و خریداران معمولاً بر سر پیشنهادات منطقی به توافق می‌رسند.

---

1. Balanced Market

اگر قصد خرید ملک در چنین بازاری دارید، موارد زیر را در نظر بگیرید:

۱. **تحقیق بازار:** در همه بازارها، تحقیق و دانش لازمه‌ی یک خرید موفق است.

۲. **مذاکره معقول:** در بازار متعادل، پیشنهادات منطقی و منصفانه معمولاً موفق‌تر هستند. از ارائه‌ی پیشنهادات بیش از حد پایین یا بالا خودداری کنید.

۳. **بررسی دقیق ملک:** از فرصت استفاده کرده و ملک را به‌طور کامل بازرسی کنید تا از وضعیت آن اطمینان حاصل نمایید.

۴. **آمادگی مالی:** قبل از آغاز جستجو، از مشاور مالی یا وام‌دهنده تأیید مالی بگیرید تا با اطمینان و قدرت وارد مذاکره شوید.

با استفاده از این استراتژی‌ها می‌توانید بهترین معامله را انجام دهید. باید توجه داشت که بازار در یک زمان مشخص ممکن است بسته به نوع ملک، فروشنده‌محور یا خریدارمحور باشد. بنابراین مشاور املاک باید استراتژی خرید را بر اساس شرایط خاص همان نوع ملک تعیین کند، نه صرفاً بر مبنای وضعیت کلی بازار.

بازار ملک یک مفهوم کلی و جامع است و ممکن است در زیرمجموعه‌ها یا دسته‌بندی‌های مختلف، عملکرد متفاوتی داشته باشد.

به عنوان مثال:

۱. **نوع ملک:** ممکن است بازار ملک‌های مسکونی در یک منطقه خریدارمحور باشد، در حالی که بازار املاک تجاری در همان منطقه فروشنده‌محور باشد

۲. **قیمت ملک:** ملک‌های لوکس یا گران‌قیمت ممکن است در بازار خریدارمحور باشند، در حالی‌که ملک‌های اقتصادی در بازار فروشنده‌محور باقی بمانند.

۳. **موقعیت جغرافیایی:** در یک شهر یا منطقه، برخی محله‌ها ممکن است به دلیل ویژگی‌های خاص‌شان فروشنده‌محور باشند، در حالی‌که سایر محله‌ها در وضعیت خریدارمحور قرار داشته باشند.

۴. **ویژگی‌های خاص:** ملک‌هایی با ویژگی‌های منحصربه‌فرد (مانند منظره، امکانات ویژه یا سبک معماری خاص) ممکن است بازار متفاوتی نسبت به ملک‌های عادی داشته باشند.

به همین دلیل، هنگام خرید یا فروش ملک، مشورت با مشاور املاک مجرب اهمیت ویژه‌ای دارد. نگاه کلی به بازار کافی نیست؛ باید به جزئیات خاص هر ملک و منطقه توجه شود.

درک اهداف و نیازهای طرف مقابل

یکی از مهم‌ترین عوامل در مذاکره‌ی موفق، درک دقیق اهداف و اولویت‌های فروشنده است. آیا فروشنده به دنبال فروش سریع به دلیل نقل‌مکان است؟ یا اینکه برای او قیمت نهایی بیشترین اهمیت را دارد؟ این درک به شما اجازه می‌دهد پیشنهادهایی ارائه دهید که به نیاز هر دو طرف نزدیک‌تر باشد.

استراتژی امتیازدهی

تعیین امتیازاتی که می‌توانید با انعطاف‌پذیری به طرف مقابل بدهید، در کنار شناسایی مواردی که برایتان حیاتی هستند، از مهارت‌های کلیدی در مذاکره است. این کار نه‌تنها نشان‌دهنده‌ی روحیه‌ی همکاری شماست، بلکه فضای مثبتی برای رسیدن به توافق فراهم می‌آورد.

ارتباط مؤثر و شنوایی فعال

ارتباط شفاف، مؤثر و شنوایی فعال، پایه‌های یک مذاکره موفق‌اند. بیان دقیق خواسته‌ها و درک کامل نیازهای طرف مقابل، می‌تواند اختلافات را کاهش داده و راه رسیدن به توافق را هموار کند. همچنین، ارائه‌ی پیشنهادات به‌صورت کتبی، جدیت شما را نشان می‌دهد و احتمال پذیرش پیشنهاد را افزایش می‌دهد.

آمادگی برای انعقاد یا کناره‌گیری

در هر مذاکره‌ای، باید آماده باشید که یا به توافق برسید یا با قاطعیت از معامله کناره‌گیری کنید. این آمادگی نشان‌دهنده‌ی شناخت شما از ارزش‌های خود و معامله است و باعث می‌شود طرف مقابل نیز شما را جدی‌تر بگیرد.

شرایط چندپیشنهادی[1]

وضعیت «چند پیشنهادی» زمانی رخ می‌دهد که یک ملک به‌طور هم‌زمان دو یا چند پیشنهاد خرید دریافت کند. در چنین شرایطی، عوامل مختلفی بر تصمیم فروشنده تأثیر می‌گذارند. هرچند قیمت اهمیت دارد، اما معمولاً تنها عامل تعیین‌کننده نیست. فروشندگان اغلب به دنبال قطعیت، امنیت و سادگی هستند و ترجیح می‌دهند پیشنهادی را انتخاب کنند که با بیشترین احتمال، بدون مشکل و در زمان مقرر نهایی شود.

برای مثال، یک پیشنهاد نقدی ممکن است حتی از پیشنهادی با قیمت بالاتر اما وابسته به تأمین مالی جذاب‌تر باشد؛ زیرا ریسک رد شدن وام بانکی را حذف می‌کند. زمان‌بندی نیز نقش مهمی دارد. اگر فروشنده به فروش سریع نیاز داشته باشد، پیشنهادهایی با دوره تکمیل کوتاه‌تر در اولویت قرار می‌گیرند. برعکس، اگر فروشنده برای جابه‌جایی به زمان بیشتری نیاز داشته باشد، پیشنهادهایی با تاریخ تکمیل یا تحویل منعطف‌تر می‌توانند امتیاز محسوب شوند.

تعداد و نوع شروط درج‌شده در پیشنهاد، تأثیر مستقیمی بر قدرت آن دارند. هرچه شروط کمتر باشند، عدم قطعیت و ریسک تأخیر یا فسخ معامله کاهش می‌یابد. در برخی موارد، فروشنده ممکن است پیشنهادی با قیمت پایین‌تر اما بدون شرط را به پیشنهادی با قیمت بالاتر و چندین شرط ترجیح دهد.

در بسیاری از شرایط چند پیشنهادی، خریدارانی که به‌عنوان خریدار اصلی انتخاب نمی‌شوند، می‌توانند پیشنهاد پشتیبان (Backup Offer) ارائه دهند. این پیشنهاد در صورتی به‌طور خودکار اجرایی می‌شود که معامله اصلی به هر دلیلی مانند عدم تأیید وام یا حذف نشدن شروط به نتیجه نرسد. پیشنهاد پشتیبان به‌ویژه در بازارهای رقابتی بسیار کاربردی است، زیرا پیشنهاد برنده اولیه ممکن است بیش از حد تهاجمی یا مشروط باشد.

عوامل احساسی نیز گاهی در تصمیم فروشنده نقش دارند. برای برخی مالکان، این موضوع مهم است که بدانند چه کسی قرار است در خانه‌شان زندگی کند و چگونه از آن نگهداری خواهد شد. خریداری که علاقه‌مندی و قدردانی خود از ملک را به‌روشنی بیان کند و برنامه‌های آینده‌اش را توضیح دهد، می‌تواند حس اطمینان و حسن نیت بیشتری ایجاد کند.

در مذاکرات رقابتی، انعطاف‌پذیری یک مزیت کلیدی محسوب می‌شود. خریدارانی که با نیازهای فروشنده همراهی می‌کنند، مانند تنظیم تاریخ تکمیل یا تحویل، پذیرش تعمیرات

---

1. Multiple Offers

جزئی، یا اجازه ماندن موقت فروشنده در ملک پس از انتقال سند، معمولاً قدرت پیشنهاد خود را به‌طور قابل‌توجهی افزایش می‌دهند.

همچنین باید توجه داشت که در برخی استان‌ها، مشاوران املاک موظف‌اند به‌صورت رسمی اعلام کنند که ملک چند پیشنهاد دریافت کرده است. برای مثال، در استان بریتیش کلمبیا، فرم «افشای وجود پیشنهادهای متعدد[1]» به خریداران اطلاع می‌دهد که پیشنهادهای رقیب وجود دارد؛ اقدامی که ضمن حفظ محرمانگی، شفافیت فرآیند را افزایش می‌دهد.

در مجموع، موفقیت در شرایط چند پیشنهادی صرفاً به ارائه بالاترین قیمت وابسته نیست. درک اولویت‌های فروشنده، طراحی هوشمندانه پیشنهاد، و حفظ انعطاف‌پذیری و آگاهی، همگی نقش تعیین‌کننده‌ای دارند. خریدارانی که با آمادگی و مشاوره حرفه‌ای وارد این شرایط می‌شوند، شانس بیشتری برای پذیرش پیشنهاد و انجام یک معامله روان و موفق خواهند داشت.

استراتژی‌های رایج در شرایط چند پیشنهادی

پیشنهاد بدون شرط[2]

پیشنهاد بدون شرط، پیشنهادی است که فاقد شروطی مانند تأمین مالی، بازرسی فنی یا فروش ملک دیگر باشد. حذف این عدم قطعیت‌ها، این نوع پیشنهاد را در بازارهای رقابتی بسیار جذاب می‌کند. با این حال، ریسک بالاتری برای خریدار دارد و تنها زمانی توصیه می‌شود که بررسی‌های لازم انجام شده و تأمین مالی به‌طور کامل قطعی باشد.

ودیعه غیرقابل‌استرداد[3]

در شرایط بسیار رقابتی، برخی خریداران تصمیم می‌گیرند ودیعه خود را غیرقابل‌استرداد اعلام کنند یا آن را بلافاصله پس از پذیرش پیشنهاد پرداخت نمایند، نه پس از حذف شروط. این اقدام نشانه تعهد جدی خریدار است و ریسک فروشنده را کاهش می‌دهد. خریدار باید آگاه باشد که در صورت عدم تکمیل معامله، این ودیعه ممکن است از دست برود.

قرارداد اجاره پس از انتقال سند[4]

قرارداد اجاره پس از انتقال سند به فروشنده اجازه می‌دهد که برای مدت کوتاهی پس از تکمیل

---

1. Disclosure of Multiple Offers
2. Subject-Free or Clean Offer
3. Non-Refundable Deposit
4. Rent-Back Agreement

معامله، به‌عنوان مستأجر در ملک باقی بماند، در حالی که مالکیت قانونی به خریدار منتقل شده است. این گزینه برای فروشندگانی که به زمان بیشتری برای جابه‌جایی نیاز دارند بسیار جذاب است و می‌تواند قدرت پیشنهاد را به‌طور محسوسی افزایش دهد. تمامی جزئیات از جمله مبلغ اجاره، مدت زمان، بیمه و مسئولیت‌ها باید به‌صورت شفاف و کتبی مشخص شود تا از بروز اختلافات بعدی جلوگیری گردد. اجاره دادن ملک به فروشنده بعد از معامله، می‌تواند روی شرایط و تأیید نهایی وام شما اثر بگذارد. حتماً قبل از نهایی کردن این موضوع، با کارشناس وام خود مشورت کنید.

مدارک ملک

وقتی در کانادا خانه‌ای خریداری می‌کنید، بررسی چندین سند مهم پیش از اقدام به خرید ضروری است. نوع و اهمیت این مدارک بسته به نوع ملک متفاوت است؛ مثلاً نحوه بررسی مدارک مربوط به یک خانه مستقل ویلایی با یک ملک مشاع (مانند آپارتمان) تفاوت دارد. در اینجا به اختصار توضیحی درباره رایج‌ترین این مدارک ارائه می‌شود:

سند ملک [1]

اطمینان از اینکه فروشنده به‌طور قانونی حق فروش ملک را دارد و ملک فاقد هرگونه محدودیت یا مشکل حقوقی است، بسیار حیاتی است. این محدودیت‌ها معمولاً در سند رسمی ملک ثبت می‌شوند و به دو دسته مالی و غیرمالی تقسیم می‌شوند.محدودیت‌های مالی مانند وام مسکن یا بدهی‌های دیگر فروشنده، معمولاً هنگام انتقال سند توسط وکیل تسویه می‌شوند. اما محدودیت‌های غیرمالی معمولاً همراه ملک باقی می‌مانند و با تغییر مالک از بین نمی‌روند. این موارد ممکن است شامل تعهدات یا شرایطی باشند که بر نحوه استفاده یا توسعه ملک اثر می‌گذارند.

برای درک بهتر این محدودیت‌ها، در ادامه به رایج‌ترین مواردی که در سند ملک دیده می‌شوند می‌پردازیم. در صورت لزوم، بررسی دقیق این موارد توسط یک وکیل پیش از خرید ضروری است تا از بروز مشکلات احتمالی در آینده جلوگیری شود.

○ عهدنامه [2]

توافق یا تعهدی است که بین مالکان املاک برقرار شده و در سند مالکیت ثبت می‌گردد. این تعهدات ممکن است به صورت مثبت (الزام به انجام

---

1. Property Title
2. Covenant

کاری) یا منفی (منع از انجام کاری) باشند و برای تمامی مالکان بعدی نیز الزام‌آور باقی بمانند. مثلاً ممکن است مالک زمینی تعهد داده باشد که هیچ ساخت‌وساز بلندی در ملک انجام ندهد تا منظره دریا برای همسایگان مسدود نشود این تعهد یا توافق ممکن است به صورت دائمی در سند زمین ثبت شود و برای تمام مالکان بعدی نیز الزام‌آور باشد.

○ **حق استفاده محدود از ملک دیگر**[1]

حقی است که به یک شخص یا سازمان اجازه می‌دهد از بخشی از ملک دیگری برای هدفی مشخص استفاده کند، مانند عبور و مرور (Right of Way) که به یک مالک اجازه می‌دهد از طریق زمین همسایه خود برای دسترسی به جاده اصلی استفاده کند. و یا نصب تجهیزات خدماتی (آب، برق، گاز). این حقوق معمولاً دائمی هستند و با تغییر مالکیت زمین نیز باقی می‌مانند.

○ **طرح ساختمانی**[2]

مجموعه‌ای از مقررات و دستورالعمل‌ها برای حفظ هماهنگی، زیبایی و استانداردهای ساخت‌وساز در یک منطقه مشخص است. برای مثال ممکن است در یک شهرک مقرر شده باشد که تمام نماها به رنگ خاصی باشند یا سقف‌ها ارتفاع مشخصی داشته باشند. این مقررات در سند ثبت شده و برای مالکان بعدی نیز لازم‌الاجرا هستند.

○ **رهن بانکی**[3]

زمانی که برای خرید ملک وام دریافت می‌کنید، بانک سندی به نام Mortgage روی ملک ثبت می‌کند. این سند به بانک این حق را می‌دهد که در صورت عدم پرداخت وام، از طریق فرآیند قانونی مانند سلب مالکیت (foreclosure)، ملک را به فروش رسانده و بدهی خود را وصول کند. هنگام فروش ملک، ابتدا باید این رهن تسویه شده و از روی سند حذف شود.

---

1. Easement
2. Building Scheme
3. Mortgage

○ **واگذاری حق دریافت اجاره[1]**

اگر ملکی اجاره داده شده و صاحب ملک اقساط وام را پرداخت نکند، بانک می‌تواند طبق این سند، اجاره‌بها را مستقیماً از مستأجر دریافت کند. این مورد معمولاً به‌عنوان بخشی از شرایط وام در سند ملک ثبت می‌شود.

○ **گواهی دعوای در جریان[2] (CPL)**

نشان‌دهنده درگیری قانونی در خصوص ملک است. وجود CPL به این معناست که نتیجه یک دعوای حقوقی ممکن است مالکیت یا وضعیت استفاده از ملک را تحت تأثیر قرار دهد. بانک‌ها معمولاً برای چنین املاکی وام صادر نمی‌کنند. در صورت وجود CPL، مشاوره حقوقی پیش از هرگونه اقدام الزامی است.

○ **حق توقیف[3]**

یک ادعای مالی ثبت‌شده روی ملک، معمولاً به دلیل بدهی مالک به شخص یا نهاد دیگر. مثلاً پیمانکاری که هزینه کارش پرداخت نشده، ممکن است construction lien ثبت کند. این موارد باید پیش از نهایی شدن خرید تسویه شوند.

اظهارنامه مالک[4] (PDS)

فرمی است که توسط فروشنده تکمیل می‌شود و اطلاعات جامعی از وضعیت ملک ارائه می‌دهد؛ از جمله مشکلات ساختاری، مسائل آب و فاضلاب، وجود مواد خطرناک مانند آزبست، تغییرات بدون مجوز، و مسائل محیطی تغییرات واصلاحاتی که بدون مجوزهای لازم انجام شده نیز در این اظهارنامه ذکر می‌شوند. PDS ابزاری کلیدی برای افزایش شفافیت است و هم به خریدار در تصمیم‌گیری کمک می‌کند و هم از فروشنده در برابر ادعاهای آینده محافظت می‌نماید.

---

1. Assignment of Rent
2. Certificate of Pending Litigation
3. Lien
4. Property Disclosure Statement

صورت‌جلسه شورای مشاع[1]

مطالعه صورت‌جلسات شورای مشاع در ۱ تا ۲ سال گذشته، به‌ویژه جلسه سالانه عمومی (AGM)، اطلاعات مهمی درباره وضعیت مالی، برنامه‌های آینده، مشکلات موجود و اختلافات درون مجتمع ارائه می‌دهد. این اطلاعات برای خریداران و سرمایه‌گذاران بسیار حیاتی است.

آیین‌نامه‌ها و قوانین مشاع[2]

آشنایی با آیین‌نامه‌ها و قوانین مشاع (Strata Bylaws and Rules) برای درک بهتر قوانین و محدودیت‌هایی که بر زندگی در مجتمع‌های مسکونی اعمال می‌شوند، بسیار ضروری است. این قوانین بر جنبه‌های مختلف زندگی ساکنان تأثیر می‌گذارند و هدف آن‌ها حفظ نظم، امنیت و کیفیت زندگی در محیط‌های مشاع است. برخی از موارد اصلی شامل موارد زیر هستند:

○ **محدودیت سنی[3]**

در برخی مجتمع‌های مسکونی، محدودیت سنی برای ساکنان اعمال می‌شود. مثلاً در برخی ساختمان‌ها فقط افراد بالای ۵۵ سال یا بیشتر می‌توانند سکونت داشته باشند، یا ممکن است قوانین خاصی برای محدود کردن حضور کودکان وجود داشته باشد. این محدودیت‌ها معمولاً با هدف ایجاد محیطی آرام برای افراد مسن‌تر یا افرادی که بدون فرزند زندگی می‌کنند اجرا می‌شوند.

○ **محدودیت حیوانات خانگی[4]**

بسیاری از ساختمان‌ها و مجتمع‌ها محدودیت‌هایی در خصوص نگهداری حیوانات خانگی اعمال می‌کنند. این محدودیت‌ها می‌توانند شامل تعداد حیوانات، نوع آن‌ها (مثل سگ‌های کوچک یا گربه‌ها)، و حتی نژادهای خاصی از سگ‌ها باشند. برخی از ساختمان‌ها حیوانات خانگی را به‌طور کامل ممنوع کرده‌اند تا از ایجاد مزاحمت یا مشکلات بهداشتی جلوگیری کنند.

---

1. Strata Council Minutes
2. Strata By-Laws & Rules
3. Age Restriction
4. Pet Restriction

○ **محدودیت استفاده از باربیکیو** [1]

در برخی ساختمان‌ها، استفاده از باربیکیوهای گازی یا ذغالی در بالکن یا حیاط‌ها محدود یا ممنوع است. این محدودیت‌ها عمدتاً به دلیل مسائل ایمنی و جلوگیری از آتش‌سوزی و همچنین کاهش بو و دود در مناطق مشترک اعمال می‌شوند. در برخی موارد، تنها باربیکیوهای برقی مجاز هستند.

○ **محدودیت در اجاره دادن واحدها** [2]

بسیاری از مجتمع‌های مسکونی محدودیت‌هایی در زمینه اجاره دادن واحدها دارند. برخی ساختمان‌ها ممکن است تنها تعداد محدودی از واحدها را برای اجاره دادن مجاز بدانند یا به‌طور کامل اجاره دادن برای کوتاه‌مدت را ممنوع کنند. البته تعریف اجاره کوتاه‌مدت هم بستگی به قوانین آن ساختمان دارد؛ ممکن است ساختمانی اجاره کمتر از یک‌ماه را کوتاه‌مدت بداند ولی ساختمانی دیگر، اجاره زیر شش‌ماه را کوتاه‌مدت محسوب کند. این محدودیت‌ها به منظور حفظ وحدت و یکپارچگی ساختمان و جلوگیری از افزایش تعداد مستأجران اعمال می‌شوند.

○ **محدودیت در تغییرات و بازسازی** [3]

تغییرات داخلی و بازسازی در واحدها ممکن است به تأیید هیئت‌مدیره یا مدیر ساختمان نیاز داشته باشد. این شامل تغییرات جزئی مانند تغییر رنگ پرده‌ها یا تغییرات بزرگ‌تری مثل بازسازی کامل آشپزخانه است. این قوانین به منظور حفظ یکپارچگی معماری و ساختاری ساختمان اعمال می‌شوند.

○ **محدودیت‌های پارکینگ** [4]

تعداد پارکینگ‌های اختصاصی و استفاده از آن‌ها ممکن است محدود باشد. برخی ساختمان‌ها اجازه استفاده از پارکینگ برای خودروهای بزرگ مانند ون‌ها یا تریلرها را نمی‌دهند. همچنین ممکن است محدودیت‌هایی برای پارکینگ مهمانان، موتورسیکلت‌ها، دوچرخه‌ها و یا شارژ ماشین‌های برقی وجود داشته باشد.

---

1. BBQ Restriction
2. Rental Restrictions
3. Renovation Restrictions
4. Parking Restrictions

○ **محدودیت‌های سروصدا[1]**

قوانین سخت‌گیرانه‌ای برای کنترل سروصدا در ساختمان‌های مسکونی وجود دارد. این قوانین معمولاً شامل ساعات مشخصی از روز یا شب هستند که در آن‌ها باید سکوت رعایت شود. این محدودیت‌ها برای حفظ آرامش ساکنان ضروری است و به‌ویژه در آپارتمان‌ها اهمیت بیشتری دارد.

○ **محدودیت‌های استفاده از امکانات مشترک[2]**

استفاده از امکانات مشترک مانند استخر، باشگاه یا سالن‌های اجتماعات ممکن است با محدودیت‌های خاصی همراه باشد. این قوانین می‌تواند شامل محدودیت‌های زمانی، تعداد مجاز استفاده‌کنندگان، یا نیاز به رزرو قبلی باشد.

○ **محدودیت‌های نگهداری وسایل نقلیه تفریحی[3]**

برخی از مجتمع‌ها نگهداری و پارک کردن وسایل نقلیه تفریحی مثل قایق‌ها یا کاروان‌ها (RV) را در محوطه‌های پارکینگ ممنوع می‌کنند. این قوانین معمولاً به منظور جلوگیری از اشغال فضای پارکینگ و حفظ ظاهر منظم مجتمع اعمال می‌شوند.

در نهایت، مطالعه دقیق این قوانین پیش از خرید هر واحد مسکونی ضروری است. درک و رعایت این محدودیت‌ها به شما کمک می‌کند تا مطمئن شوید سبک زندگی و انتظارات شما با قوانین ساختمان همخوانی دارد و در طول اقامت خود دچار مشکلات نخواهید شد.

فرم B یا گواهی اطلاعات[4]

فرم B یا گواهی اطلاعات، سندی کلیدی در فرآیند خرید و فروش ملک در مجموعه‌های مشاع است که جزئیات حیاتی و به‌روز در مورد وضعیت مالی واحد در حال خرید ارائه می‌دهد. این شامل اطلاعات دقیق درباره هزینه‌های جاری مشاع، شارژ ماهیانه واحد، بررسی وجود هرگونه بدهی پرداخت‌نشده از سوی فروشنده، تعیین مشخصات محل پارکینگ و انبار اختصاصی به واحد، و اطلاعات مربوط به صندوق ذخیره اضطراری مشاع می‌شود. دریافت و بررسی این

---

1. Noise Restrictions
2. Common Area Use Restrictions
3. RV & Boat Restrictions)
4. Form B or Information Certificate

فرم قبل از انجام معامله، به خریداران این امکان را می‌دهد که با دیدی کامل نسبت به تعهدات مالی و امکانات مرتبط با ملک مورد نظر خود، تصمیم‌گیری نمایند.

صندوق ذخیره مشاع (Contingency Reserve Fund)

صندوق ذخیره مشاع یا CRF (Contingency Reserve Fund) یک حساب مالی است که توسط ساختمان‌های مشاع مانند آپارتمان‌ها و تاون‌هاوس‌ها نگهداری می‌شود. هدف اصلی این صندوق، تأمین هزینه‌های مربوط به نگهداری، تعمیرات اساسی یا بهبودهای کلی ساختمان می‌شوند. این صندوق با مبالغی که مالکان به صورت بخشی از شارژ ماهیانه پرداخت می‌کنند، تشکیل و به مرور زمان جمع‌آوری می‌شود. طبق قوانین، صندوق ذخیره نمی‌تواند از یک حداقل مشخص پایین‌تر بیاید. این محدودیت برای حفظ امنیت مالی مجموعه و اطمینان از توانایی پرداخت هزینه‌های ضروری در مواقع لازم است. به طور کلی، صندوق ذخیره مشاع نقش پس‌انداز اجباری ساختمان را دارد؛ یک پشتوانه مالی برای زمان‌هایی که پروژه‌های بزرگ یا تعمیرات اساسی لازم می‌شوند. با این حال، اگر هزینه‌ها از موجودی صندوق بیشتر باشد، مالکان موظف خواهند بود مازاد هزینه‌ها را از طریق مکانیزمی مانند اسپشال لوی (Special Levy) تامین کنند.

نقشه مشاع[1]

نقشه مشاع یک ابزار حیاتی و جامع برای درک چگونگی تقسیم و چیدمان یک مجتمع مشاعی است که تمام جزئیات مربوط به توزیع فضاها را شامل می‌شود. این نقشه، که به‌دقت طراحی شده است، واحدهای فردی، مناطق اموال مشترک، و همچنین اموال محدود مشترک را مشخص می‌کند. از طریق مطالعه این نقشه، خریداران و ساکنان می‌توانند یک دید کلی و دقیق نسبت به محدوده و مکان‌یابی واحدهای سکونتی، فضاهای مشترک مانند باغ‌ها، استخرها و سایر امکانات، و نیز اموال محدود مشترک که به‌طور اختصاصی به ساکنان خاصی اختصاص داده شده است، به دست آورند. این نقشه نه تنها برای فهم بهتر ساختار فیزیکی مجتمع مفید است، بلکه در تعیین حقوق و مسئولیت‌های مربوط به استفاده و نگهداری از اموال مشترک و محدود نیز نقش بسزایی دارد.

---

1. Strata Plan

صورت‌های مالی و بودجه‌ها[1]

صورت‌های مالی و بودجه‌ها به شما امکان می‌دهند تا با دقت به وضعیت مالی شرکت مشاعی خود نظارت داشته باشید، که شامل بررسی اجمالی از صندوق ذخیره، تجزیه و تحلیل هزینه‌های عملیاتی جاری، و ارزیابی هرگونه برآورد مالی مورد نیاز برای پروژه‌های خاص یا نگهداری‌های آتی است. این اسناد مالی، که به‌طور منظم تهیه و بازنگری می‌شوند، اطلاعات حیاتی را در مورد سلامت مالی و پایداری اقتصادی مشاع فراهم می‌کنند و از این رو، ابزارهایی کلیدی برای تصمیم‌گیری‌های آگاهانه و برنامه‌ریزی‌های استراتژیک به شمار می‌روند. اطلاع از این اطلاعات برای تمامی ساکنان و مدیران مجتمع‌های مشاعی، به‌منظور تضمین کیفیت زندگی و مدیریت مؤثر منابع مالی، اساسی است.

گزارش استهلاک[2]

گزارش استهلاک یک سند حیاتی است که نگاهی جامع به وضعیت فعلی ساختمان و اجزای کلیدی آن می‌اندازد و برنامه‌ریزی دقیقی برای تعمیرات آتی یا جایگزینی‌های موردنیاز، بر اساس پیش‌بینی‌های مدون ارائه می‌دهد. این گزارش ارزیابی‌های دقیقی بر اساس تجزیه و تحلیل‌های کارشناسی، زمان‌بندی و هزینه‌های تخمینی مربوط به نیازهای تعمیر و نگهداری را مشخص می‌کند. علاوه بر این، گزارش استهلاک به ارزیابی کافی بودن صندوق ذخیره اضطراری برای پوشش دادن هزینه‌های این تعمیرات و جایگزینی‌ها می‌پردازد و بدین‌ترتیب، به ساکنان و مدیریت مشاع اطمینان می‌دهد که برنامه‌ریزی‌های مالی بلندمدت با دقت و مسئولیت‌پذیری انجام شده است. این گزارش بنیادی، ابزاری کلیدی برای حفظ و ارتقاء ارزش سرمایه‌گذاری در املاک مشاعی است و به تضمین آینده پایدار ملک کمک می‌کند.

گواهی بیمه[3]

گواهی بیمه، سندی رسمی و کلیدی است که جزئیات پوشش بیمه‌ای مربوط به مجموعه مشاع را با دقت تبیین می‌کند، شامل دامنه‌های پوشش، محدودیت‌های موجود در بیمه و سطح کسورات. این سند اطمینان می‌دهد که مجموعه مشاعی در مقابل طیف وسیعی از خطرات و آسیب‌های احتمالی به شکل جامعی بیمه شده است، و اطلاعات مفصلی در مورد شرایط و الزامات مالی ناشی از بیمه‌نامه را به اعضای مجموعه و مدیریت ارائه می‌دهد. بررسی دقیق این گواهی برای تمامی اعضا ضروری است، چرا که آن‌ها را قادر می‌سازد تا با درک کامل از سطح

---

1. Financial Statements and Budgets
2. Depreciation Report
3. Insurance Certificate

حفاظت و پوشش مالی موجود، تصمیم‌گیری‌های آگاهانه‌ای در خصوص مدیریت ریسک و خرید بیمه تکمیلی خاص واحد خود اتخاذ کنند. مبلغ کسورات و پرس‌وجو در مورد هزینه بیمه تکمیلی باید مورد توجه قرار گیرد.

علاوه بر این، در زمان خرید یک خانه ویلایی یا هر نوع ملکی که زیر مجموعه مشاع نمی‌باشد، بسیار مهم است که خریدار پیش از انجام معامله با یک نماینده بیمه تماس بگیرد تا اطمینان حاصل شود که می‌توان خانه را با هزینه‌ای منطقی و معقول بیمه نمود. این اقدام از اهمیت بالایی برخوردار است، چرا که برخی از خانه‌ها ممکن است به دلایل مختلف، مانند موقعیت جغرافیایی یا وضعیت فیزیکی، با هزینه‌های بیمه بالاتری روبه‌رو شوند. این پیش‌بررسی به خریداران کمک می‌کند تا از قابلیت بیمه‌شدن ملک و تخمین هزینه‌های مربوطه با اطمینان و آگاهی مطلع شوند.

گزارش‌های مهندسی یا گزارش‌های وضعیت ساختمان[1]

گزارش‌های مهندسی یا وضعیت ساختمان، اسنادی حیاتی هستند که توسط مهندسان متخصص تهیه می‌شوند تا وضعیت فعلی یک ساختمان را از نظر سازه‌ای، تأسیساتی و عملکردی بررسی کنند. این گزارش‌ها شامل تجزیه و تحلیل دقیقی از مشکلات موجود یا بالقوه‌ای هستند که ممکن است بر سلامت، ایمنی و کارایی ساختمان تأثیر بگذارند. از جمله می‌توان به شناسایی نقص‌های سازه‌ای، مشکلات مربوط به تأسیسات الکتریکی و مکانیکی، مسائل مرتبط با عایق‌بندی و تهویه، و سایر عواملی که بر کیفیت و ارزش ساختمان تأثیر می‌گذارند، اشاره کرد. این اطلاعات برای خریداران املاک، به‌ویژه در زمان خرید، دارای اهمیت بسزایی هستند؛ زیرا به آن‌ها امکان می‌دهد تصمیم‌گیری آگاهانه‌ای داشته باشند.

در زمان خرید ملک، مطالعه این گزارش‌ها اهمیت بسیاری دارد؛ زیرا به خریداران کمک می‌کند تا از وجود هرگونه مشکل پنهان مطلع شوند و از هزینه‌های غیرمنتظره جلوگیری کنند. علاوه بر این، این گزارش‌ها می‌توانند در قدرت چانه‌زنی برای قیمت نهایی ملک مؤثر باشند، به‌ویژه اگر مشکلاتی شناسایی شود که نیاز به تعمیرات یا به‌روزرسانی‌های قابل‌توجه داشته باشد. از این‌رو، گزارش وضعیت ساختمان نه‌تنها یک ابزار ارزیابی برای تعیین ایمنی و دوام ساختمان است، بلکه به‌عنوان منبعی ارزشمند برای حفاظت از سرمایه‌گذاری خریداران و تضمین انتخابی مطمئن عمل می‌کند.

---

1. Engineering Reports or Building Condition Reports

قرارداد اجاره زمین[1]

قرارداد اجاره زمین، سندی حقوقی است که شرایط و ضوابط استفاده از یک زمین یا ملک اجاره‌ای را بین مالک و مستأجر مشخص می‌کند و شامل اطلاعات مهمی مانند مدت‌زمان باقی‌مانده از اجاره، مبلغ و نحوه پرداخت اجاره‌بها، حقوق و مسئولیت‌های طرفین، و محدودیت‌های احتمالی در استفاده یا ایجاد تغییرات در ملک است. هنگام خرید ملکی که زمین آن اجاره‌ای است، بررسی دقیق این قرارداد اهمیت زیادی دارد، چرا که نشان‌دهنده چارچوب قانونی استفاده از زمین و محدودیت‌های مرتبط با آن است.

برای مثال، مدت باقی‌مانده از قرارداد می‌تواند بر تصمیم خریدار در خصوص سرمایه‌گذاری یا توسعه ملک تأثیر بگذارد و مفاد قرارداد ممکن است بر امکان اعمال تغییرات یا بهبودهای دلخواه توسط خریدار مؤثر باشد. از این‌رو، آگاهی کامل از مفاد قرارداد پیش از نهایی کردن خرید، برای پیشگیری از هرگونه سوءتفاهم یا مشکلات حقوقی در آینده ضروری است.

قرارداد اجاره‌نامه[2]

هنگامی که ملکی تحت اجاره یک مستأجر باشد، بررسی دقیق جزئیاتی چون مدت‌زمان اجاره، ثابت یا ماهانه بودن قرارداد، میزان اجاره‌بها، و شرایط خروج یا ادامه اقامت مستأجر ضروری است. به‌عنوان مثال، در استان بریتیش کلمبیا، چنانچه مستأجر دارای قرارداد اجاره ثابت باشد، خریدار جدید نمی‌تواند تا پایان دوره قرارداد، از مستأجر بخواهد که ملک را تخلیه نماید، حتی اگر خود قصد دارد در آن ملک ساکن شود.

بسیار مهم است که خود خریدار نیز وقت برای بررسی و فهم دقیق این اسناد بگذارد. این احتیاط در تصمیم‌گیری آگاهانه بسیار حیاتی است. در نظر داشته باشید که در صورت نیاز، با یک وکیل املاک برای بررسی این اسناد و دریافت مشاوره حقوقی مشورت کنید. یک مشاور املاک آگاه می‌تواند شما را در این فرآیند راهنمایی کرده و در به‌دست آوردن این اسناد کمک کند. هر یک از این اسناد نقش مهمی در اطلاع‌رسانی در مورد وضعیت حقوقی، وضعیت فیزیکی، تعهدات مالی و قوانین حاکم بر ملک دارند. اطمینان از وضوح و رضایت‌بخش بودن این جنبه‌ها، کلید یک معامله املاک موفق است.

---

1. Lease Agreement
2. Rental Agreement

بازرسی خانه

اهمیت بازرسی قبل از خرید

تصور کنید قصد خرید یک خانه قدیمی زیبا در محله‌ای دنج را دارید. ظاهراً، این خانه همان خانه رویایی شماست؛ اما پیش از اتمام معامله، تصمیم به انجام بازرسی دقیق از خانه می‌گیرید. بازرسی تخصصی، مواردی را آشکار می‌سازد که برای یک فرد غیرمتخصص قابل مشاهده نیست: نشتی آب در زیرزمین که ساختار بنا را تضعیف کرده، سیستم الکتریکی قدیمی که نیازمند به‌روزرسانی است، و ترک‌های ریز در بنای اصلی که نیاز به تعمیرات فوری دارد. این مشکلات نه تنها خطراتی برای سلامت و ایمنی شما و خانواده‌تان ایجاد می‌کنند، بلکه هزینه‌های قابل‌توجهی برای تعمیر نیز به همراه دارند.

با اطلاعات به‌دست‌آمده از بازرسی، شما حالا در موقعیتی هستید که می‌توانید تصمیمی آگاهانه بگیرید. شاید ترجیح دهید که برای پایین آوردن قیمت فروش با فروشنده مذاکره کنید، یا حتی ممکن است تصمیم بگیرید که به دلیل مشکلات بیش از حد، از خرید این خانه صرف‌نظر کنید. در هر حال، بازرسی پیش از خرید به شما اجازه می‌دهد تصمیمی آگاهانه بگیرید و از سرمایه خود محافظت کنید. با این کار، شما از ورود به معامله‌ای که می‌توانست هزینه‌های ناخواسته و سرسام‌آوری به همراه داشته باشد، جلوگیری کرده‌اید. این دقیقاً همان ارزش و اهمیتی است که بازرسی قبل از خرید در فرآیند خرید ملک ارائه می‌دهد: اطمینان از اینکه با دانش کامل نسبت به وضعیت واقعی ملک، قدم به یکی از مهم‌ترین تصمیمات زندگی‌تان می‌گذارید.

مواردی که باید بازرسی شود

وقتی قصد خرید یک ملک را دارید، بازرسی دقیق و کامل از آن بسیار حیاتی است. بازرسی به شما کمک می‌کند تا مشکلات پنهان یا آشکار ملک را شناسایی کرده و با اطلاعات کامل‌تری تصمیم به خرید بگیرید. در ادامه، فهرستی از مواردی که باید بازرسی شوند آورده شده است:

۱. **سیستم الکتریکی:** بررسی نوع و وضعیت سیم‌ها، کلیدها، پریزها، پانل برق و سایر قطعات الکتریکی. هنگام خرید خانه با سیم‌کشی آلومینیومی، مهم است به خطرات احتمالی آن توجه داشته باشید. سیم‌کشی آلومینیومی می‌تواند باعث افزایش خطر آتش‌سوزی شود اگر به‌درستی نگهداری و تعمیر نشود.

۲. **سیستم گرمایش و سرمایش:** بررسی سیستم گرمایش و سرمایش شامل عملکرد فرنس (پکیج)، کولر یا هر سیستم دیگری که برای تهویه استفاده می‌شود، اهمیت دارد. سلامت، سن و راندمان این تجهیزات باید به‌دقت بررسی شود.

۳. **لوله‌کشی:** بررسی جنس لوله‌ها، نشتی‌ها، فشار آب، وضعیت آب‌گرم‌کن و سایر تجهیزات. خرید خانه با لوله‌کشی Poly-B (پلی‌بی) که بین سال‌های ۱۹۷۸ تا ۱۹۹۵ برای تأمین آب گرم و سرد در ساختمان‌های مسکونی و تجاری استفاده می‌شد، می‌تواند چالش‌برانگیز باشد؛ زیرا این ماده سابقه‌ای از نشتی و خرابی دارد. مالکان باید آگاه باشند که این لوله‌ها ممکن است نیاز به تعویض داشته باشند که هزینه‌های قابل‌توجهی را در پی دارد. همچنین، خرابی این لوله‌ها می‌تواند بر شرایط بیمه‌نامه تأثیر منفی گذاشته و باعث کاهش پوشش یا افزایش هزینه بیمه شود. بنابراین، بررسی دقیق سیستم لوله‌کشی قبل از خرید ضروری است.

۴. **سقف و آب‌بندی:** بررسی وضعیت سقف، وجود هرگونه نشتی، کپک یا ترک، و همچنین بررسی جنس، طول عمر و قدمت سقف اهمیت زیادی دارد.

۵. **کف و دیوارها:** بررسی جنس کف و دیوارها، هرگونه نشست، ترک، رطوبت یا آسیب‌های دیگر ضروری است.

۶. **پنجره‌ها و درها:** بررسی وضعیت قفل‌ها، سلامت جداره‌های پنجره، وجود نشتی هوا، و عملکرد صحیح درها اهمیت دارد.

۷. **آشپزخانه:** بررسی وضعیت اجاق، ماشین ظرفشویی، یخچال، سیستم فاضلاب، هود و کابینت‌ها. همچنین، اطمینان از ایمنی و عملکرد صحیح تجهیزات آشپزخانه

اهمیت ویژهای دارد.

۸. **حمام و دستشویی**: بررسی فشار آب، نشتی، کپک، وضعیت سیفون و سایر تجهیزات ضروری است. کارشناس متخصص میتواند با استفاده از دستگاههای خاص، رطوبت پشت کاشیهای حمام را اندازهگیری کند.

۹. **زیرزمین یا بیسمنت**: بررسی وجود رطوبت، آبرفتگی، کپک، یا مشکلات ساختاری.

۱۰. **ساختمان و سازه**: بررسی وضعیت کلی سازه، مصالح بهکار رفته و شناسایی علائم فرسودگی یا آسیب.

۱۱. **حیاط و فضای بیرونی**: بررسی وضعیت چمن، درختان، گلها و امکانات فضای باز مانند حوضچه یا آلاچیق.

۱۲. **گاراژ**: بررسی وضعیت دربها، سیستم الکتریکی و عایقبندی گاراژ.

۱۳. **سیستم آتشنشانی**: اطمینان از وجود آبپاشها، کپسولهای آتشنشانی، و عملکرد صحیح سیستم اعلام خطر حریق و گاز.

۱۴. **سیستم تهویه**: بررسی وضعیت کانالها و اطمینان از تهویهپذیری مناسب.

۱۵. **آفات و حشرات**: بررسی نشانههای وجود آفات مانند مورچهها، ساسها، چوبخوارها یا موشها.

۱۶. **فونداسیون و پایه ساختمان**: بررسی دقیق برای شناسایی ترک، نشست یا فرسودگی در فونداسیون و پایه ساختمان. اطمینان از استحکام و ایمنی این بخشها ضروری است.

۱۷. **زیرشیروانی**[1]: زیرشیروانی بهعنوان «ریههای خانه» عمل میکند و نقش بسیار مهمی در تنظیم دما و کنترل رطوبت دارد. بازرسی دقیق این بخش شامل بررسی میزان عایقکاری برای اطمینان از بهره وری انرژی و همچنین شناسایی نشانههای نشت سقف است؛ نشتهایی که ممکن است هنوز به سقف داخلی خانه نرسیده باشند. توجه ویژهای باید به سیستم تهویه شود. در صورتی که جریان هوا از طریق دریچههای خروجی سقف به درستی انجام نشود، گرما و رطوبت در فضای زیرشیروانی تجمع پیدا میکند که میتواند منجر به پدیدهای به نام «باران

---

1. Attic

زیرشیروانی»، میعان، یا پوسیدگی چوب شود. بازرس همچنین وجود آفات (مانند سنجاب، راکون یا جوندگان) را بررسی کرده و اطمینان حاصل می‌کند که فن‌های سرویس‌های بهداشتی و هود آشپزخانه مستقیماً به بیرون از ساختمان تخلیه می‌شوند و نه به داخل فضای زیرشیروانی؛ زیرا این موضوع یکی از دلایل رایج آسیب‌های ناشی از رطوبت است.

۱۸. **فضای گربه رو**[1]: اگر ساختمان بر روی دال بتنی یا دارای زیرزمین کامل نباشد، فضای گربه رو یکی از مهم‌ترین بخش‌ها برای بررسی «سلامت فونداسیون» خانه محسوب می‌شود. در این فضا، وجود رطوبت، نم‌زدگی یا آب ایستاده بررسی می‌شود؛ عواملی که می‌توانند باعث پوسیدگی تیرهای چوبی کف و زیرسازی کف ساختمان شوند.

بازرس وجود عایق رطوبتی مناسب (معمولاً ورق پلاستیکی ضخیم) روی سطح زمین را بررسی می‌کند تا از نفوذ رطوبت به سازه جلوگیری شود. همچنین وضعیت سازه‌ای تکیه‌گاه‌ها، از جمله تیرهای افتاده، پایه‌های بنایی ترک خورده یا نشانه‌های نشست بررسی می‌شود. از آنجا که این فضا تاریک و به‌ندرت مورد بازدید قرار می‌گیرد، اغلب محل مناسبی برای شناسایی نشتی‌های پنهان لوله‌کشی یا آلودگی‌های ناشی از آفات است که ممکن است سال‌ها بدون توجه باقی مانده باشند.

۱۹. **کپک و کیفیت هوای داخل ساختمان**[2]: کپک معمولاً نشانه‌ای از یک مشکل زمینه‌ای مرتبط با رطوبت است؛ مانند نشتی‌های پنهان، تهویه نامناسب یا رطوبت بیش از حد. در بازرسی ساختمان، تمرکز بر شناسایی کپک‌های قابل مشاهده به ویژه در فضاهای مرطوب مانند حمام‌ها، زیرزمین‌ها و اتاق زیرشیروانی و همچنین نشانه‌های غیرمستقیم مانند بوی نم یا لکه‌های آب است.

در اقلیم مرطوب بریتیش کلمبیا، در صورت عدم رسیدگی، کپک می‌تواند به سرعت گسترش یابد و علاوه بر تأثیر منفی بر سلامت ساکنان، به ساختار ساختمان نیز آسیب وارد کند. در صورتی که وجود کپک مشکوک باشد اما به طور مستقیم قابل مشاهده نباشد، ممکن است انجام آزمایش کیفیت هوا یا نمونه برداری سطحی برای شناسایی نوع کپک توصیه شود. آگاهی از گستردگی مشکل کپک بسیار مهم

---

1. Crawl Space
2. Mold & Indoor Air Quality

است، زیرا هزینه و نوع رفع آن می‌تواند از تمیزکاری ساده تا حذف حرفه ای و پرهزینه ی مصالح آلوده مانند دیوار خشک و عایق‌ها متغیر باشد.

۲۰. **مخزن سوخت**[۱]: در کانادا، به‌ویژه در منازل قدیمی‌تر، ممکن است مخازن سوخت زیرزمینی وجود داشته باشند که می‌توانند مسائل و چالش‌های خاصی را به همراه داشته باشند. این مخازن سوخت زیرزمینی بیشتر در خانه‌هایی یافت می‌شوند که پیش از دهه ۱۹۷۰ ساخته شده‌اند و استفاده از آن‌ها برای گرمایش خانه‌ها در دهه‌های ۱۹۵۰ و ۱۹۶۰ بسیار متداول بوده است. با پیشرفت‌های فناوری و نگرانی‌های محیط‌زیستی در دهه ۱۹۷۰، به‌تدریج استفاده از این مخازن کاهش یافت.

اگر در حال بررسی خرید یک خانه قدیمی در کانادا هستید، به‌ویژه اگر خانه مربوط به دهه ۱۹۶۰ یا قبل‌تر باشد، توصیه می‌شود که وجود احتمالی مخزن سوخت زیرزمینی را در نظر بگیرید و برای بازرسی و تأیید وضعیت آن اقدام کنید.

مشکلات احتمالی با مخازن سوخت شامل آلودگی خاک و احتمال آلودگی آب زیرزمینی است که می‌تواند نیاز به پاک‌سازی گسترده و پرهزینه‌ای داشته باشد. در صورت وجود نشت یا آلودگی، مالک فعلی ملک ممکن است مسئول تمیز کردن و جبران خسارت باشد، حتی اگر آن‌ها عامل آلودگی نبوده باشند. وجود یک مخزن سوخت قدیمی و غیرفعال می‌تواند خریداران آتی را منصرف کند و بر ارزش بازفروش ملک تأثیر بگذارد.

برای مواجهه با این مسئله، پیش از خرید، یک بازرسی حرفه‌ای برای تشخیص وجود مخزن سوخت زیرزمینی انجام دهید. در صورت مشکوک بودن به وجود مخزن، یک گزارش محیطی تهیه کنید تا وجود یا عدم وجود آلودگی را دقیق‌تر مشخص نماید. همچنین، مسئولیت‌ها و هزینه‌های مرتبط با برداشتن یا پاک‌سازی مخزن را بررسی کنید و در صورت کشف مخازن، ممکن است بتوانید در مورد قیمت فروش با فروشنده مذاکره کنید یا بخواهید فروشنده پیش از فروش ملک، هزینه برداشتن یا پاک‌سازی را پرداخت نماید.

۲۱. **آزبست**[۲]: آزبست، که تا دهه‌های اخیر به‌طور گسترده در ساخت‌وساز مورد

1. Oil Tank
2. Asbestos

استفاده قرار می‌گرفت، می‌تواند در خرید ملک در کانادا یک دغدغه باشد، به‌ویژه در خانه‌هایی که پیش از دهه ۱۹۹۰ ساخته شده‌اند. معمولاً این مواد تا زمانی که در جای خود باقی مانده‌اند، مشکلی ایجاد نمی‌کنند؛ اما این ماده می‌تواند خطرات جدی برای سلامتی ایجاد کند زمانی که شخصی به نوعی در معرض آن قرار می‌گیرد. مثلاً در زمان تعمیرات، به‌ویژه اگر ذرات آن وارد هوا شده و تنفس شوند، می‌تواند منجر به بیماری‌هایی مانند آزبستوزیس یا سرطان ریه شود.

با توجه به این موارد، مهم است که خریداران پیش از خرید، یک بازرسی حرفه‌ای انجام دهند تا بررسی شود آیا در ساختمان مواد حاوی آزبست وجود دارد یا خیر. در صورتی که خانه قدیمی است و احتمال وجود آزبست می‌رود، تهیه یک گزارش تخصصی می‌تواند دقیقاً مشخص کند که آیا آزبست حضور دارد و چه میزانی از خطر وجود دارد.

حذف و پاک‌سازی آزبست می‌تواند در مواردی پرهزینه باشد و این فرایند باید توسط متخصصان مجاز انجام شود. در برخی مناطق، قوانین و مقررات خاصی برای کنترل و حذف آزبست وجود دارد و نقض این مقررات می‌تواند منجر به جریمه‌های سنگین شود.

در صورت کشف آزبست، ممکن است بتوانید با فروشنده برای کاهش قیمت یا ترتیب دادن حذف آزبست پیش از فروش، مذاکره کنید. همچنین، اطلاعات دقیق در مورد قوانین و مقررات محلی مربوط به آزبست کسب کنید تا از هرگونه نقض قانون اجتناب شود.

یکی از مشکلات رایج در فرایند بازرسی ملک برای تشخیص وجود آزبست این است که برای تهیه گزارش دقیق و انجام آزمایش‌ها، لازم است از قسمت‌های مختلف خانه نمونه‌برداری شود.

این فرایند ممکن است به بخش‌هایی از خانه آسیب بزند یا نیازمند تخریب بخشی از ساختارهای داخلی باشد تا به مواد حاوی آزبست دسترسی پیدا کند. به همین دلیل، غالباً فروشندگان تمایلی به اجازه انجام این نوع بازرسی‌ها ندارند، به‌ویژه در بازارهایی که فروشنده‌محور هستند و تقاضا برای خرید ملک بالا است.

در چنین شرایطی، خریداران ممکن است با چالش‌هایی مواجه شوند که

از یک سو نیاز به اطمینان از سلامت و ایمنی ملک دارند و از سوی دیگر با محدودیت‌هایی از جانب فروشنده برای انجام بازرسی‌های دقیق روبه‌رو هستند. این مسئله می‌تواند بر تصمیم‌گیری خریداران در مورد ادامه فرایند خرید یا انتخاب یک ملک دیگر تأثیر بگذارد. در نتیجه، اهمیت دارد که خریداران درک کنند چه زمانی و چگونه باید درخواست‌های بازرسی خود را مطرح کنند و چه انتظاراتی از فروشنده داشته باشند.

۲۲.گاز رادیواکتیو رادون[1] خریداران ملک در کانادا باید در مورد گاز رادون، که یک گاز بی‌بو و بی‌رنگ است و می‌تواند در خانه‌ها جمع شود و خطرات سلامتی ایجاد کند، آگاه باشند. رادون یک گاز رادیواکتیو طبیعی است که از تجزیه اورانیوم در خاک، سنگ و آب به وجود می‌آید و می‌تواند از طریق شکاف‌ها و درزهای موجود در کف یا دیوارهای زیرزمین وارد خانه‌ها شود. این گاز، عامل اصلی سرطان ریه در میان غیرسیگاری‌ها و دومین عامل سرطان ریه پس از مصرف دخانیات است. معرض بودن به سطوح بالای رادون برای مدت طولانی می‌تواند خطر ابتلا به سرطان ریه را افزایش دهد. مقدار این گاز در مناطق مختلف متفاوت است و اطلاعات موجود در مورد سطح وجود این گاز در مناطق مختلف معمولاً در وب‌سایت‌های دولتی قابل دسترسی است. دولت کانادا سطح اقدام برای رادون را در هوای داخلی ۲۰۰ بکرل بر متر مکعب تعیین کرده است و اگر سطوح رادون بیشتر از این مقدار باشد، اقدامات کاهشی توصیه می‌شود. در صورت ابهام، آزمایش سطح رادون پیش از خرید ملک توصیه می‌شود که می‌تواند به‌صورت کوتاه‌مدت یا بلندمدت انجام شود تا سطح رادون در خانه اندازه‌گیری گردد.

اگر سطوح رادون بالا باشد، روش‌های مختلفی برای کاهش آن وجود دارد، مانند بهبود تهویه زیرزمین و استفاده از سیستم‌های کاهش رادون. گاهی اوقات لازم است ترمیم‌هایی در ساختار خانه انجام شود تا از ورود رادون جلوگیری شود، مانند پر کردن شکاف‌ها و درزها. خریداران باید در مورد وضعیت و تغییرات احتمالی در سطح رادون در منطقه خود آگاه باشند و معمولاً اطلاعات و راهنمایی‌های به‌روز را می‌توان در وب‌سایت‌های دولتی پیدا کرد.

---

1. Radon

مراحل قانونی انتقال مالکیت

در پروسه خرید ملک در کانادا، نقش وکیل املاک بسیار کلیدی و چندبعدی است. پس از اینکه قرارداد خرید و ترتیبات وام مسکن به اتمام رسید، مسئولیت به وکیل املاک[1] یا دفتر اسناد رسمی[2] منتقل می‌شود تا با دقت و به‌صورت حرفه‌ای، تمام مدارک لازم را از نهادهای مرتبط جمع‌آوری نمایند، آن‌ها را بررسی کرده، محاسبات مالی را انجام دهند، وجوه را به‌درستی منتقل کنند و در نهایت، ثبت رسمی سند ملک را به انجام رسانند. برای معاملات ساده، هر دو گروه دفاتر اسناد رسمی و وکلای املاک می‌توانند این فرآیندها را مدیریت کنند؛ اما معاملات یا وام‌های دارای پیچیدگی‌های خاص، نیازمند تخصص و همکاری وکیل املاک هستند. به‌طور کلی، هزینه خدمات وکلای املاک نسبت به دفاتر اسناد رسمی بالاتر است، اما این افزایش هزینه با توجه به عمق بررسی‌های قانونی و دقت انجام‌شده، قابل توجیه است. در ادامه، به تشریح دقیق‌تر وظایف وکیل و گام‌های قانونی در فرآیند خرید ملک پرداخته خواهد شد.

آماده‌سازی مدارک توسط وکیل قبل از انتقال سند

قبل از روز انتقال، وکیل دقیقاً قرارداد خرید و فروش را مطالعه می‌کند تا اطمینان حاصل کند که شرایط با قوانین سازگار است و هیچ مغایرتی ندارد. دریافت سند ملک[3] به وکیل کمک می‌کند تا از نبود بدهی‌های ناشناخته و مسائل حقوقی مانند رهن‌ها یا هر ادعای دیگر نسبت به ملک، اطمینان حاصل نماید. در صورت نیاز، بیمه سند[4] برای حفاظت از خریدار در برابر مشکلات حقوقی احتمالی توصیه می‌شود.

وکیل املاک نقش کلیدی در تهیه و تجزیه و تحلیل مدارک موردنیاز برای انجام تراکنش‌های مالی ایفا می‌کند. این شامل جمع‌آوری اسناد لازم برای انتقال سند به نام خریدار، ثبت وام مسکن و سایر موارد مالی مرتبط است. اسناد اغلب از مؤسسات و نهادهای متعددی تهیه می‌شوند، مانند دفتر املاک، مدیریت ساختمان، بانک‌ها، شهرداری و نهادهای مرتبط دیگر. در صورت نیاز وکیل اطمینان حاصل می‌کند که بدهی‌های پیشین خریدار پیش از دریافت وام مسکن تسویه شوند. وکیل مسئولیت دارد که تمام مراحل قانونی و مالی مرتبط با خرید ملک را به‌صورت دقیق و به‌موقع انجام دهد تا فرآیند خرید برای موکل روان و بدون مشکل پیش رود.

---

1. Real Estate Lawyer
2. Notary Public
3. Title Search
4. Title Insurance

محاسبه و تهیه صورت‌حساب تعدیلات[1] این سند مالی هنگام خرید و فروش ملک توسط وکیل یا دفترخانه تهیه می‌شود. این سند مشخص می‌کند که خریدار و فروشنده دقیقاً چه مبالغی را باید پرداخت یا دریافت کنند. در این صورت‌حساب، مبلغ کل خرید ملک به‌عنوان پایه ثبت می‌شود و سپس مواردی مانند مالیات‌های پرداخت‌شده، شارژ ساختمان (در صورت وجود)، پیش‌پرداخت‌ها و سایر هزینه‌های مربوط به ملک، بر اساس تاریخ انتقال مالکیت میان طرفین تنظیم می‌گردد.

برای مثال، اگر فروشنده مالیات سالانه ملک را به‌طور کامل پرداخت کرده باشد و تاریخ انتقال مالکیت در میانه سال باشد، خریدار باید سهم خود از مالیات باقی‌مانده تا پایان سال را به فروشنده پرداخت کند. هدف از این سند، ایجاد شفافیت کامل و جلوگیری از هرگونه اختلاف مالی پس از انجام معامله است تا هر دو طرف بدانند که پرداخت نهایی‌شان شامل چه مواردی بوده و بر چه اساسی محاسبه شده است. این یک نمونه از صورت‌حساب تعدیل برای خریدار یک خانه ویلایی است که نمایش داده می‌شود:

---

1. Statement of Adjustments

Buyer's Statement of Adjustment

Lawyer's name and address

BUYER:	Names		
SELLER:	Names		
PROPERTY:	Property address, PID, and legal description		
FILE NUMBER:	32245	COMPLETION DATE:	November 9, 2023
ADJUSMENT DATE:	November 10, 2023	POSSESSION DATE:	November 10, 2023

		DEBIT	CREDIT
Price		$ 1,152,000.00	
Property Transfer Tax		$ 21,040.00	
Deposit paid to Buyer's Agent Real Estate Office			$ 57,600.00
Buyer's portion of the 2023 City of Coquitlam tax paid by Seller $ 4,330.68 - $ 570.00 (HOG) = $ 3,760.68 x52 / 365 days		$ 535.77	
Buyer's portion of the city of Coquitlam utility account for January 1, 2023, to December 31, 2023, paid by the Seller $1,715.20 x 52/ 365 days		$ 244.36	
Title Insurance		$ 650.00	
Insurance binder		$ 75.00	
1st Mortgage Proceed from Scotia Bank			$ 886,459.00
Payment Account of Lawyer			
Fees	$ 2,400.00		
Disbursements/Other Charges	$ 650.61		
GST and PST	$ 313.21		
Total Account	$ 3,363.82	$ 3,363.82	
Sub Totals		$ 1,177,908.95	$ 944,058.00
Funds required from buyers to complete payable to the lawyer's In Trust, by bank draft			$ 233,850.95
Totals		$ 1,177,908.95	$ 1,177,908.95

دیدار با وکیل و امضای مدارک

در فرآیند انتقال سند ملک، معمولاً امضای اسناد توسط خریدار چند روز قبل از تاریخ انتقال نهایی سند در دفتر وکیل یا دفتر اسناد رسمی صورت می‌گیرد. این امر امکان بررسی و تأیید دقیق تمامی جزئیات و الزامات قانونی را فراهم می‌آورد. از آنجایی که وکلا و دفاتر اسناد رسمی معمولاً برنامه‌های شلوغی دارند، تعیین وقت قبلی برای امضای اسناد و انجام انتقال ضروری است. این اقدام اطمینان می‌دهد که همه طرف‌های درگیر در معامله برای این روز مهم آماده باشند و همچنین فرآیند انتقال به‌روانی و بدون وقفه انجام شود.

در این روز، وکیل معامله به خریدار در مورد جزئیات معامله و اسناد توضیح می‌دهد تا اطمینان حاصل شود که خریدار از تمامی تعهدات و شرایط قرارداد آگاهی دارد. خریدار باید مدارک شناسایی، چک تضمینی به مبلغی که توسط وکیل حساب و اعلام شده، و مدارک بیمه منزل را آماده کرده باشد.

انتقال و ثبت مالکیت[1]

در روز انتقال مالکیت، تمامی پول خرید ملک که شامل وام مسکن، ودیعه پیش‌تر پرداخت‌شده توسط خریدار، و مابقی مبلغی است که خریدار به وکیل خود تحویل می‌دهد، به وکیل فروشنده انتقال می‌یابد. پس از این، سند ملک به‌طور رسمی به نام خریدار منتقل می‌شود. با ثبت رسمی این سند، خریدار به‌عنوان مالک جدید به‌صورت قانونی شناخته می‌شود و معمولاً یک تا چند روز بعد از ثبت سند، می‌تواند کلیدهای ملک را دریافت کند.

از رایج‌ترین مشکلاتی که ممکن است در روز انتقال مالکیت پیش بیاید، عدم دریافت مبلغ لازم از وام‌دهنده یا خریدار است. این مشکل می‌تواند به دلیل نداشتن زمان کافی برای وام‌دهنده جهت انجام امور اداری و پرداخت پول، یا اشتباه در محاسبات وکیل خریدار و یا خود خریدار باشد. برای جلوگیری از این مشکلات، برنامه‌ریزی دقیق و ارتباط مؤثر بین همه طرف‌ها ضروری است.

این رویداد نه‌تنها نقطه پایانی فرآیند خرید ملک است، بلکه آغاز یک زندگی جدید در خانه تازه محسوب می‌شود. برنامه‌ریزی دقیق، ارتباط مؤثر و مشاوره حقوقی مناسب، اطمینان از انجام صحیح و بی‌دردسر این فرآیند را فراهم می‌آورد و تجربه‌ای مثبت و بدون استرس را برای همه طرف‌ها ایجاد می‌کند.

---

1. Completion

تحویل گرفتن ملک

روز دریافت کلید[1]، موسوم به، نقطه عطفی در مسیر طولانی و پرچالش خرید خانه است. این روز نه تنها نمادین است، بلکه نقل و انتقال عینی مسئولیت و کنترل از فروشنده به خریدار را نشان می‌دهد. به عنوان آخرین بخش از این کتاب راهنمای خرید خانه، لحظه‌ای است که شما، پس از طی مسیری پرفراز و نشیب، به هدف اصلی خود یعنی توانایی **نامیدن یک خانه به نام خود** دست می‌یابید. در این روز به موارد زیر توجه فرمایید:

○ **بررسی دقیق ملک:** در این مرحله، باید ملک را به دقت بررسی کنید و مطمئن شوید که در وضعیت توافق شده قرار دارد. برای مثال، ممکن است در قرارداد شما شرطی وجود داشته باشد که خانه باید به‌صورت حرفه‌ای تمیز شده و آماده تحویل باشد. عکس‌هایی که بازرس خانه گرفته است، در این موقعیت به عنوان سندی برای اثبات شرایط ملک قبل از خرید عمل می‌کنند.

○ **اطلاعات ضروری:** از دریافت تمامی دستورالعمل‌ها و اطلاعات مربوط به عملکرد سیستم‌های گرمایشی، خنک‌کننده و سایر تجهیزات ملک اطمینان حاصل کنید.

○ **وضعیت خدمات عمومی:** مطمئن شوید که تمام خدمات عمومی به نام شما ثبت شود و از انتقال بی‌نقص آن‌ها اطمینان حاصل کنید. مهم است که خریدار به موقع با شرکت‌های خدماتی تماس بگیرد و اطلاعات لازم را ارائه دهد تا انتقال خدمات به درستی و بدون وقفه انجام شود. توجه داشته باشید که مسئولیت اصلی بر عهده خود خریدار است.

○ **بیمه ملک:** در روز دریافت کلید، بیمه خانه باید به نام شما فعال باشد. این اقدام، شما را در برابر هرگونه آسیب یا حادثه‌ای که ممکن است رخ دهد، محافظت می‌کند.

---

1. Possession Date

در نهایت، روز دریافت کلید ملک، نمایانگر پایانی بر یک فصل و آغازی تازه در زندگی شماست. این روز نتیجه تلاش‌های شما، مشاور وام و مشاور املاک شما است که با دقت و حرفه‌ای به این لحظه رسیده‌اید. این فرایند، هرچند ممکن است بسته به شرایط خاص خرید، نوع ملک و عوامل دیگر تفاوت‌هایی داشته باشد، نشان‌دهنده اهمیت داشتن راهنمایی‌های کارشناسی در همه مراحل است. کار با مشاور وام و املاک حرفه‌ای، نه تنها فرایند خرید را هموار می‌کند بلکه اطمینان می‌دهد که معامله به نحو احسن و بدون دغدغه انجام شود.

سخن پایانی

به پایان سفرمان رسیدیم؛ سفری که در آن از نخستین گام‌های گرفتن وام مسکن تا لحظه‌ی شیرین ورود به خانه‌ی جدیدتان همراهتان بودیم. در این کتاب، تمامی مراحل و جزئیات لازم برای اخذ وام، شرایط وام‌ها و عواملی که بر گرفتن وام تأثیر می‌گذارند، به دقت بررسی شدند. سپس به دنیای املاک و مستغلات وارد شدیم و شما را با مراحل خرید خانه، نکات کلیدی و مطالب مهم در انتخاب و خرید خانه آشنا کردیم.

اکنون که به این نقطه رسیده‌اید، لحظه‌ای استثنایی را تجربه می‌کنید؛ لحظه‌ای که خانه‌ی جدیدتان را با آگاهی و اعتماد به نفس به دست آورده‌اید. اما این پایان داستان نیست؛ بلکه آغاز فصلی جدید و پرهیجان از زندگی‌تان است.

خانه‌ی جدیدتان مکانی خواهد بود که خاطرات جدید ساخته می‌شود، رویاها به واقعیت تبدیل می‌شود و لحظات شیرین زندگی در آن شکل می‌گیرد.

خانه، جایگاهی است که در آن آرامش و امنیت می‌یابید، به آن تکیه می‌کنید و از آن انرژی می‌گیرید. پس از تمام تلاش‌ها و دقت‌هایی که برای انتخاب و خرید خانه صرف کرده‌اید، اکنون زمان آن است که از این موفقیت لذت ببرید و زندگی جدیدتان را با اشتیاق و امید آغاز کنید.

به شما تبریک می‌گوییم که این مسیر پر پیچ و خم را با موفقیت پیمودید و خانه‌ی رویایی خود را یافتید. امیدواریم که این کتاب همراه مفیدی برای شما بوده و اطلاعات ارائه شده در آن به شما کمک کرده باشد تا این سفر را با اطمینان و آرامش طی کنید.

به یاد داشته باشید که هر پایان، آغازی نو است. اینک شما آماده‌اید تا فصل جدید زندگی‌تان را با خانه‌ی جدیدتان آغاز کنید. از این لحظه لذت ببرید و به آینده‌ای روشن و پر از موفقیت بیندیشید.

با آرزوی موفقیت و شادی برای شما در خانه‌ی جدیدتان.

درباره‌ی نویسنده:

پیام روشنی، فعالیت حرفه‌ای خود را در نقطه تلاقی دو علاقه‌مندی بزرگ زندگی‌اش آغاز کرد: ساخت‌وساز و امور مالی. او در ایران در رشته مهندسی عمران تحصیل کرد و با پشتوانه این دانش، نگاه فنی و تحلیلی دقیقی به حوزه مسکن پیدا کرد. پس از مهاجرت به کانادا در سال ۲۰۰۷، مسیر آموزشی و شغلی خود را با تمرکز بر بیزینس و فایننس ادامه داد و به‌تدریج پایه‌های تخصصی تازه‌ای را برای آینده حرفه‌ای خود بنا نهاد.

پیام ابتدا مدرک International Business Management و سپس کارشناسی Business Administration را دریافت کرد. علاقه عمیق او به بازار مسکن، در کنار ذهنیت مالی تحلیلی، زمینه‌ای فراهم کرد تا وارد حوزه مشاوره وام مسکن شود. او با گذراندن دوره‌های تخصصی و دریافت مجوز رسمی، فعالیت خود را به‌عنوان مشاور آغاز کرد و در ادامه، با اخذ لایسنس مشاوره خرید و فروش املاک، دامنه فعالیت خود را به معاملات ملکی نیز گسترش داد.

امروز، پیام روشنی به‌عنوان یک متخصص دولایسنسه در حوزه‌های Mortgage Brokering و Real Estate Trading شناخته می‌شود. او با ترکیب نگاه فنی از پس‌زمینه مهندسی، تحلیل مالی دقیق، و تجربه گسترده در بازار مسکن، به مشتریان خود کمک می‌کند تا مسیر خرید خانه را با اطمینان، آگاهی و آرامش طی کنند.

تلاش‌های او در این مسیر، با موفقیت‌های قابل توجهی همراه بوده است. در سال‌های ۲۰۲۳، ۲۰۲۴ و ۲۰۲۵ به پاس عملکرد درخشان و رضایت مشتریان، پیام موفق به دریافت Sales Achievement Awards از شرکت معتبر Oakwyn Realty شد.

دیدگاه او به این حرفه، فراتر از فروش و معامله است. پیام باور دارد که نقش یک مشاور واقعی، تنها در ارائه خدمات مالی یا یافتن ملک مناسب خلاصه نمی‌شود؛ بلکه شامل اطلاع‌رسانی درست، راهنمایی صادقانه، و حمایت عملی از تصمیم‌های مشتریان است. او بر این باور است که هر معامله موفق، در اصل حاصل یک رابطه اعتمادمحور است.

هدف پیام از نگارش این کتاب، انتقال دانش و تجربه‌های ارزشمندی است که طی سال‌ها در مسیر مهاجرت، تحصیل و کار در صنعت مسکن اندوخته است. او امیدوار است این کتاب به خریداران خانه کمک کند تا با دانش بیشتر، انتخاب‌های بهتر، و نتایج مطمئن‌تر قدم در مسیر مهم زندگی‌شان بگذارند.

این کتاب می‌تواند بهترین هدیه برای مهاجران باشد.

برای تهیه کتاب این QR کد را اسکن کنید

تهیه کتاب به زبان انگلیسی

ارتباط با پیام روشنی متخصص وام و خرید و
فروش املاک در استان بریتیش کلمبیا

📞 (+1) 778-320-3282

✉ payam@payamroshani.ca

🌐 https://Payamroshani.ca